XAVIER ZUBIRI:
INTERFACES

Valeriano dos Santos Costa
Matheus da Silva Bernardes
Marcos Vieira das Neves
(Organizadores)

XAVIER ZUBIRI:
INTERFACES

DIREÇÃO EDITORIAL:
Marcelo Magalhães

CONSELHO EDITORIAL:
Fábio E. R. Silva
José Uilson Inácio Soares Júnior
Márcio Fabri dos Anjos

PREPARAÇÃO E REVISÃO:
Maria Ferreira da Conceição
Thalita de Paula

DIAGRAMAÇÃO:
Airton Felix Silva Souza

CAPA:
Tatiane Santos

Todos os direitos em língua portuguesa, para o Brasil, reservados à Editora Ideias & Letras, 2020.

1ª impressão

Rua Barão de Itapetininga, 274
República - São Paulo/SP
Cep: 01042-000 – (11) 3862-4831
Televendas: 0800 777 6004
vendas@ideiaseletras.com.br
www.ideiaseletras.com.br

Dados Internacionais de Catalogação na Publicação (CIP)
(Câmara Brasileira do Livro, SP, Brasil)

X3
    Xavier Zubiri: Interfaces / organizado por Valeriano dos Santos Costa, Matheus da Silva Bernardes, Marcos Vieira das Neves. - São Paulo : Ideias & Letras, 2020.
    184 p. ; 16cm x 23cm.

    Inclui bibliografia.
    ISBN 978-65-87295-01-5

    1. Filosofia. I. Costa, Valeriano dos Santos. II. Bernardes, Matheus da Silva. III. Neves, Marcos Vieira das. IV. Título.

2020-1364
CDD 100
CDU 1

Elaborado por Vagner Rodolfo da Silva - CRB-8/9410
Índice para catálogo sistemático:
1. Filosofia 100
2. Filosofia 1

Sumário

Apresentação	7
Prefácio	9
1. Zubiri no Brasil: Encobrimento e descobrimento *Giovani Meinhardt*	15
2. A relevância teológica da filosofia de Zubiri *Prof° Dr. Pe. Valeriano dos Santos Costa*	33
3. A filosofia realista zubiriana e o método teológico *Matheus da Silva Bernardes*	59
4. Deus *senciente*: O lugar de Xavier Zubiri na filosofia da religião *Dr. Tommy Akira Goto* *Dr. Vitor Chaves de Souza*	75
5. As realidades no curso "*Filosofia Primera*" de Xavier Zubiri *Alfonso García Nuño*	103
6. Reologia, em que consiste a novidade? *Carlos Sierra-Lechuga*	121
7. Xavier Zubiri e o problema das categorias *Jesús Ramírez Voss*	131
8. O ato intelectivo senciente e a constituição da realidade pessoal em Xavier Zubiri *Ángel González Pérez*	145
9. Do que "é" o ser humano rumo ao que valem suas possibilidades ocultas *Ángel L. Gonzalo Martín*	169

Apresentação

O grupo de pesquisa "Teologia Litúrgica", da PUC-SP, tem a alegria de ver publicado o primeiro fruto do projeto "Liturgia e Inteligência Senciente". É um passo para o VI Congresso Internacional Xavier Zubiri, que, por beneplácito do destino, vai ser realizado nesta Universidade, em 2023, unindo pesquisadores em torno do maior pensador de nossos tempos, não temos dúvidas disto.

O interesse pela relevância teológica da obra de Zubiri parte do reconhecimento da exatidão epistêmica e da dimensão inovadora e revolucionária de sua filosofia. E aí não há como não dar as mãos unindo teólogos e filósofos para discutir "A Filosofia e a Teologia no século XXI", tema do VI Congresso.

Agradecemos à Fundación Xavier Zubiri pelo apoio e o acolhimento caloroso e gentil a este grupo de pesquisa, que ousou buscar em uma filosofia, cuja riqueza é incontestes, caminhos para falar ao homem do século XXI. Era mais do que tempo de se fazer essa "virada" do ponto de vista teológico.

Os desafios são imensos para teólogos que, mesmo passando pela filosofia, estavam buscando a excelência do conhecimento de Deus e, portanto, possivelmente não deram a atenção devida aos grandes autores estudados. Entretanto, naqueles idos tempos não se falava de Zubiri em nossos ambientes filosóficos; somente de seus mestres, sobretudo Ortega y Gasset e Heidegger. Porém, de forma inusitada, Zubiri chegou a nós, que um dia abrimos uma de suas obras e percebemos, ou melhor, apreendemos, que ali havia um tesouro escondido que necessitava ser conhecido, e logo nos demos conta de que era uma floresta densa a ser desbravada.

No primeiro encontro, talvez pensamos que não íamos fazer tanto caso, mas pouco a pouco sentimos que estávamos possuídos e imersos em algo que não nos deixaria mais sossegados, nascendo aí, um grupo de pesquisa em ambiente teológico e universitário cristão, que pretende ajudar as novas gerações de teólogos a serem pensadores, místicos e pastoralistas imersos na realidade, com a força e o método da Inteligência Senciente. Quando a humanidade não pede apenas ideias, mas uma realidade que a faça sentir na própria carne o sempre mais do transcendente, nenhum discurso sobre Deus que não seja profundo e sentido tem valor algum.

Os jovens estudantes de teologia que estão imergindo no pensamento de Zubiri para desdobrar sua teologia nos cursos de graduação e pós-graduação desta Universidade, os que se embrenham na iniciação científica e mesmo em trabalhos de conclusão de curso (TCCs) mostram que há uma nova geração que busca um saber que tenha os pés na realidade. Deus sempre caminhou realmente com seu povo desde a Criação. Porém, com a encarnação do Verbo, Deus caminha em nossa realidade, para que possamos caminhar na realidade divina.

Prof. Dr. Pe. Valeriano dos Santos Costa
Líder do grupo de pesquisa "Teologia Litúrgica" e organizador do
"Projeto Liturgia e Inteligência Senciente" da PUC-SP

Prefácio

Matheus da Silva Bernardes
Professor de Teologia – PUC-Campinas

O grego clássico é amplamente reconhecido como o idioma da filosofia. Os primeiros pensadores pré-socráticos, que se indagavam pela origem e a coerência do *cosmos*, o próprio Sócrates, seu discípulo Platão e os pensadores da Academia Ateniense, Aristóteles e os pensadores do Liceu, até Epicuro, os estoicos e os neo-platônicos compartilharam o mesmo idioma para se expressar. Todo aquele que se aventura a pensar os fundamentos do *cosmos* e as possibilidades de o ser humano conhecê-los não pode deixar de lado noções fundamentais como *ousía*, *energeia*, *kategoría*, *to ón*, *noûs*, *logikê*, *ethikê*, entre outras tantas.

Já nos séculos da assim chamada Modernidade, depois de G. W. Leibniz, mas sobretudo depois de I. Kant e G. W. Hegel, a filosofia ganhou um novo idioma: o alemão. Assim como o grego clássico foi o idioma filosófico por séculos, o alemão se estendeu – e ainda se estende – para além da Modernidade: K. Marx, F. Nietzsche, E. Husserl, M. Heidegger, L. Wittgenstein, J. Habermas e H. G. Gadamer corroboram a centralidade do alemão para o desenvolvimento filosófico para além da Modernidade.

Claramente, há filosofia em outros idiomas, inclusive filósofos francófonos, anglófonos e italófonos chegaram à elaboração de conceitos próprios que são centrais para o pensamento ocidental. Contudo, queremos destacar o grande esforço de um jovem filósofo hispanófono que se aventurou, no começo do século XX, com as ideias da fenomenologia – muito estranhas ainda em seu país natal, onde reinavam as ideias da neoescolástica.

Xavier Zubiri, nascido em San Sebastián (País Basco) em 1898, estudou filosofia em Madri e Lovaina, à época a "meca da neoescolástica". Contudo, durante seus anos na Bélgica, conheceu o pensamento de E. Husserl, o que despertou nele não só um grande interesse pela fenomenologia, mas também a possibilidade de "filosofar de verdade", isto é, sem pressupostos. Teve como diretor de doutorado J. Ortega y Gasset, cujas ideias principais provinham do neokantismo e da própria fenomenologia husserliana.

Tendo defendido sua tese (*Ensayo de una teoría fenomenológica del juicio*), X. Zubiri assume a cátedra de história da filosofia na Faculdade de Filosofia e Letras da Universidad Central de Madrid. Cinco anos mais tarde, em 1929, recebe uma licença para estudar e vai para Friburgo, na Alemanha, onde pode se aprofundar na fenomenologia com o próprio E. Husserl e com seu sucessor de cátedra, M. Heidegger. É frequente encontrar nos textos de comentadores de X. Zubiri que M. Heidegger foi seu mestre. No ano seguinte, o jovem filósofo espanhol parte para Berlim, onde tem contato direto com A. Einstein e com as ideias de E. Schrödinger.

Depois de uma breve estada na Espanha, se muda para Paris e trabalha com o físico L. Broglie e o filólogo E. Benveniste. Já terminada a Guerra Civil espanhola, retorna definitivamente a seu país e assume a cátedra de filosofia, em Barcelona. Contudo, passa poucos anos na Catalunha, voltando para Madri e já não mais se dedicando ao ensino acadêmico, mas a cursos livres que eram ministrados em sua residência. Assim, segue sua vida até 1983, quando vem a falecer.

Ainda dentro do destaque que demos no início deste prefácio aos idiomas da filosofia, o esforço de X. Zubiri para criar conceitos próprios para sua filosofia em espanhol chama a atenção. Pode-se, inclusive, dizer que depois de X. Zubiri o espanhol também se transformou em um idioma filosófico: *de suyo, en propio, actualidad, sustantividad, respectividad* são exemplos do vocabulário próprio desenvolvido pelo pensador basco para expressar suas ideias.

Com a brevíssima reflexão anterior, já fica claro que o pensamento de X. Zubiri não é só importação de conceitos e ideias, mas a elaboração de um sólido sistema filosófico próprio. Parafraseando seu diretor de doutorado – as duas grandes metáforas do Ocidente de J. Ortega y Gasset –, X. Zubiri começou a falar de três horizontes dentro da história do pensamento ocidental. O primeiro deles, que nasce com a filosofia grega e permanece até Agostinho de Hipona, é o *horizonte da mobilidade* (pensar as coisas a partir da mudança); o segundo, de Agostinho de Hipona até G. W. Hegel, é o *horizonte da criação* (pensar as coisas a partir do ato de criação, isto é, pensar contrapondo coisas e nada). O terceiro horizonte nasce da imbricação entre coisas e o ser humano; dentro dele estão muitos esquemas filosóficos do final do século XIX e começo do século XX, ainda que o próprio X. Zubiri afirme que a filosofia de seu mestre, M. Heidegger, ainda se encontra no segundo horizonte. Entretanto, a filosofia de X. Zubiri está claramente dentro do terceiro horizonte, sobretudo quando o autor articula sua ideia central: a realidade.

A ideia de real aparece no léxico filosófico na Idade Média tardia e está dentro do contexto do pensamento lógico: *ens reale* e *ens rationis*. Realidade, portanto, seria aquilo que está além da razão – esse pensamento ficou conhecido na história da filosofia como realismo ingênuo. Por outro lado, a realidade também aparece na Modernidade, mas diretamente referida ao sujeito cuja realidade pelo ato de pensar é inquestionável, como insiste R. Descartes – *cogito ergo sum*. A realidade à que se refere X. Zubiri não tem nada a ver nem com esta, nem com aquela.

A realidade está (*se actualiza*) no intelecto que a percebe *de suyo*[1] (o realismo crítico zubiriano). Não se trata de dois momentos separados (um além de e outro aquém de): a realidade é inteligida como realidade em um único momento. Com isso, X. Zubiri consegue dar um passo grandioso dentro da história da filosofia: a grande questão que sempre motivou os pensadores é *como conhecer as coisas*; X. Zubiri, entretanto, se questiona *como conhecer esta coisa*. A resposta à sua pergunta é dada pela análise que faz do ato único de intelecção (a noologia zubiriana); o autor não fala de faculdades, mas de ato, e pretende analisar este único ato intelectivo que acontece em um ser senciente. Logo, para o autor, intelecção e sentir não se dão por separado – é um único e mesmo ato de sentir intelectivo ou intelecção senciente.

A centralidade da realidade (realismo) e do ato de intelecção senciente (noologia) para X. Zubiri tem suas raízes na fenomenologia, mas não fica presa nela

---

1 Como será dito mais adiante, a tradução dos capítulos dos pesquisadores da FXZ é trabalho nosso. Optamos por manter nas traduções, assim como no capítulo que escrevemos para este livro, a expressão *de suyo* no original. Trata-se de uma expressão muito difícil de ser traduzida, como é possível ler na *Nota à edição brasileira da trilogia Inteligência Senciente*. C. Nougué, tradutor da edição brasileira, optou por "de seu", em Portugal, os tradutores de X. Zubiri optam por "de si". Pensamos que assim como o *Dasein* heideggeriano permanece em alemão como termo técnico de seu pensamento filosófico, o *de suyo* pode permanecer em espanhol como termo técnico do pensamento filosófico zubiriano.

– supera-a. O autor espanhol afirma que há algo anterior e mais radical que a intencionalidade dos atos de consciência: a realidade. Por outro lado, o autor também se nutre do pensamento da física contemporânea, especialmente da teoria da relatividade e da mecânica quântica, que foram decisivas para mudar a percepção da realidade que nos envolve.

Seria uma vã ilusão pensar que nas poucas páginas de um prefácio é possível apresentar a riqueza de um sistema filosófico. O que pretendemos é simplesmente proporcionar à leitora e ao leitor "um aperitivo" do que as próximas páginas apresentarão. O primeiro capítulo do livro, de autoria de Giovani Meinhardt, psicólogo e professor do Instituto de Educação de Ivoti/RS, pretende mostrar como X. Zubiri ainda é um grande desconhecido dentro da academia brasileira ("Zubiri no Brasil: Encobrimento e descobrimento"). Ainda que seu esquema filosófico tenha se difundido amplamente pela Espanha, seu país natal, Estados Unidos e diversos países da América Latina, X. Zubiri permanece como grande "vazio teórico" em nossos ambientes acadêmicos.

Seu pensamento, não obstante, é algo conhecido dentro das faculdades de teologia e programas de pós-graduação em ciências da religião, como mostrarão os capítulos de Valeriano dos Santos Costa, professor de teologia da PUC-SP, o de nossa autoria e o de Tommy Akira Goto e Vitor Chaves de Souza, professor de psicologia da UFU e professor de educação e ciências da religião da UMESP, respectivamente.

Valeriano dos Santos Costa explorará o despertar da teologia litúrgica para o realismo zubiriano ("A relevância teológica da filosofia de Zubiri"). Mais que os pontos conquistados, o autor do segundo capítulo deste livro apresenta pistas para um rico trabalho futuro, pois, para a liturgia, o central não está só em saber, mas em sentir (não entendido como sentimentalismo) a presença real de Deus na celebração do mistério pascal de Cristo.

Inspirados por seus estudos em J. Sobrino e I. Ellacuría, discípulo direto de X. Zubiri, abordaremos as possibilidades que o realismo zubiriano apresenta para a epistemologia teológica ("A filosofia realista zubiriana e o método teológico"). A realidade histórica como voz presente de Deus se converte para o teólogo em norma para seu *quefazer* intelectual, *quefazer* entendido dentro de uma práxis em favor do Reino de Deus. *Teo-práxis* e *teo-logia* não são entendidas como dois momentos separados, esta é entendida como *um* momento daquela; a práxis tem prioridade.

Xavier Zubiri: Interfaces

| 13

Talvez por ter em vários de seus livros a palavra *Deus*, X. Zubiri não seja de todo estranho para os cientistas da religião. Isso mostrarão Tommy Akira Goto e Vitor Chaves de Souza no capítulo "Deus senciente: O lugar de Xavier Zubiri na filosofia da religião". Entretanto, não podemos cometer o erro de pensar que o filósofo espanhol é um teólogo com disfarces. X. Zubiri é filósofo e seu realismo abre possibilidades para pensar *Deus* desde perspectivas que superam a fenomenologia e a hermenêutica, âmbitos aos quais os cientistas da religião estão muito familiarizados. Vale ressaltar a importância da noção de *religação* zubiriana, amplamente trabalhada por Tommy e Vitor.

Em seguida, este livro conta com a riquíssima contribuição de cinco pesquisadores da Fundación Xavier Zubiri, Madri/Espanha. Fundada em 1947 com o nome de Sociedad de Estudios y Publicaciones, a FXZ recebeu seu novo nome depois do falecimento do autor, em 1983. Tem se empenhado em editar e publicar os diversos cursos livres ditados por X. Zubiri desde que ele abandonou a cátedra de Filosofia, em Barcelona. Ao mesmo tempo, tem se empenhado em difundir seu pensamento e colocá-lo em diálogo com outras áreas do conhecimento. Um bom exemplo desse trabalho é o realizado por D. Gracia dentro do campo da medicina e bioética.

Os cinco capítulos de autoria dos pesquisadores Alfonso García Nuño, que também é professor de teologia na Universidad Eclesiástica San Dámaso de Madri, Ángel González Pérez, Ángel Gonzalo Martín, Carlos Sierra-Lechuga e Jesús Ramírez Voss se concentrarão nos campos da filosofia, antropologia e educação. São belíssimos exemplos de como o pensamento zubiriano pode enriquecer diversos âmbitos do saber.

Três dos cinco capítulos vindos da Espanha tratam diretamente de filosofia, abrindo horizonte, todavia, para o diálogo com outras disciplinas ("As realidades no curso '*Filosofía primera*' de Xavier Zubiri", "Reologia, em que consiste a novidade?" e "Xavier Zubiri e o problema das categorias"). Dois deles estão ligados à antropologia e à educação ("O ato intelectivo senciente e a constituição da realidade pessoal em Xavier Zubiri" e "Do que é o ser humano rumo ao que valem suas possibilidades ocultas: Sobre a fundamentação metafísica da educação em Xavier Zubiri"). A tradução destes textos ao português é trabalho nosso.

Já mencionamos o importante e fundamental trabalho da FXZ para editar e publicar os livros do autor. No Brasil, contamos com a publicação de *Natureza, história e Deus* e da trilogia da Inteligência Senciente: *Inteligência e Realidade*,

Inteligência e Logos e *Inteligência e Razão*, um trabalho conjunto de É Realizações Editora e a FXZ. Reconhecemos também o grandioso trabalho de C. Nougué que traduziu essas obras do espanhol para o português.

Para as leitoras e os leitores interessados em conhecer e se aprofundar no pensamento de X. Zubiri, o caminho começa de trás para frente, isto é, pela leitura de sua filosofia madura cristalizada na trilogia da Inteligência Senciente, como já indicamos, disponível em português. Recomendamos também os diversos cursos oferecidos pela FXZ – muitos deles on-line (www.zubiri.net), especialmente o curso de introdução à filosofia de Xavier Zubiri, cuja riqueza é incalculável.

D. Gracia, presidente da FXZ, em uma de suas falas no V Congresso Internacional X. Zubiri, realizado na cidade de Bari, na Itália, em 2019, ressaltou que não podemos "ficar presos" no pensamento do filósofo espanhol; devemos conhecê-lo muito bem para fazer o que ele mesmo fez: "filosofar de verdade" e, a partir daí, "teologizar de verdade", "psicologizar de verdade", "educar de verdade". Porque toda filosofia, teologia, ética, psicologia e pedagogia não têm outro fundamento último que a realidade apreendida pela inteligência senciente.

X. Zubiri provou que o espanhol pode, sim, ser um idioma filosófico. Quem sabe, nós, brasileiras e brasileiros, juntamente com nossas irmãs e nossos irmãos lusófonos, não cheguemos a converter o português também em um idioma filosófico? A aventura de conhecer e pensar a partir de X. Zubiri, um homem que soube filosofar em um idioma até então estranho para a própria filosofia, pode ser também nosso caminho.

> Pois bem, penso que inteligir consiste formalmente em apreender o real em impressão. Real, aqui, significa que os caracteres que o apreendido tem na própria apreensão ele os tem 'em próprio', 'de seu', e não somente em função, por exemplo, de uma resposta vital. Não se trata de coisa real na acepção de coisa além da apreensão, mas do apreendido na mesma apreensão, mas enquanto é apreendido como algo que é 'em próprio'. É o que chamo de formalidade de realidade. É por isso que o estudo da intelecção e o estudo da realidade são congêneres. Pois bem, isto é decisivo. Porque, como os sentidos nos dão no sentir humano coisas reais, com todas as suas limitações, mas coisas reais, sucede que essa apreensão das coisas reais enquanto sentidas é uma apreensão senciente; mas enquanto apreensão de realidades, é uma apreensão intelectiva. Daí que o sentir humano e a intelecção não sejam dois atos numericamente diferentes, cada um completo em sua ordem, mas constituem dois momentos de um único ato de apreensão senciente do real: é a inteligência senciente (ZUBIRI, 2010a, p. LIII-LIV).

1. Zubiri no Brasil: Encobrimento e descobrimento

Giovani Meinhardt[1]

RESUMO: Depois de introduzir brevemente os primórdios do pensamento zubiriano encontrados na epistemologia e edificação teórica de autores latino-americanos célebres das áreas da teologia, filosofia e psicologia, buscamos mostrar o itinerário em expansão do *corpus* zubiriano à luz da agora inédita obra completa. A trilogia da inteligência senciente e a obra *Sobre la esencia* figuram como eclosão para os iniciados no pensamento de Xavier Zubiri, cujos conceitos abundam em sua extensa *opera omnia*.

Palavras-chave: Evolução; inteligência senciente, *opera omnia*; Zubiri.

Introdução

A filosofia latino-americana, através de seus representantes, celebrou, nos últimos anos, o paradigma da *interculturalidade* e do *diálogo Norte-Sul* através de seus respectivos congressos organizados pelo cubano radicado na Alemanha Raúl Fornet-Betancourt. Ao ser indagado sobre Zubiri, cujo pensamento não figurava como uma influência nos debates filosóficos sul-americanos, Fornet-Betancourt respondeu que o pensamento zubiriano era muito metafísico. Aqui já há um desconhecimento, proveniente da ausência do estudo das obras completas zubirianas, as quais hoje somam 27 livros. Segundo Pintor-Ramos (2015, p. 318):

---

1 Instituto Superior de Educação – Ivoti/RS – email: meinhardts.g@gmail.com

> [...] apesar das aparências, 'metafísica' em Zubiri não designa uma parte da filosofia, embora fosse a mais importante, mas uma dimensão de toda a realidade, anterior a qualquer divisão interna da filosofia [...]; somente nesse sentido 'filosofia' e 'metafísica' são equivalentes.[2]

O que é motivo de novidade, segundo a argumentação desse trecho, é que, independentemente de qualquer "interpretação metafísica", o que Zubiri chama de "metafísica" aborda outra coisa, a saber, a dimensão de toda a realidade. De acordo com Gracia (2017, p. 372), um dos maiores especialistas de Zubiri na atualidade,

> [...] o que Zubiri pretendia fazer em sua trilogia sobre inteligência é, segundo ele, 'Noologia'. Noologia é algo completamente diferente da Metafísica. É por isso que ele não se pergunta sobre o que são as coisas, ou mesmo sobre o que é a inteligência humana, mas sobre o 'ato' do inteligir.[3]

Sabemos, através do V Congresso Internacional Xavier Zubiri, celebrado entre os dias 25 e 27 de setembro de 2019, na cidade de Bari, na Itália, que o pensamento zubiriano está em expansão, transitando por três grandes temas: Deus, inteligência e realidade. Não obstante, os multifacetados interesses investigativos de Zubiri propiciam várias outras agendas atuais de trabalho.[4]

> Zubiri sempre teve em mente a necessidade de apoiar seu pensamento no conhecimento fornecido pela ciência, mesmo em assuntos que poderiam ser considerados puramente metafísicos[5] (FERRAZ, 2008, p. III).

Tendo em conta sua extraordinária interdisciplinaridade, o pensamento zubiriano cativa interesse de áreas que transcendem a filosofia e teologia.

---

2 "[...] a pesar de las apariencias, 'metafísica' en Zubiri no designa una parte de la filosofía, aunque fuese la más importante, sino una dimensión de toda realidad, previa a cualquier división interna dentro de la filosofía [...]; sólo en este sentido 'filosofía' y 'metafísica' son equivalentes."

3 "Lo que ha pretendido hacer Zubiri en su trilogía sobre la inteligencia es, dice él, 'Noología'. Noología es algo completamente distinto de Metafísica. Por eso no se pregunta por lo que son las cosas, ni incluso por lo que es la inteligencia humana, sino por el 'acto' de inteligir."

4 As reflexões filosóficas de Zubiri abordam inúmeras áreas, tais como: matemática, física, astronomia, teologia, psicologia, biologia, antropologia entre outras disciplinas de conhecimento. Zubiri entendia que "una reflexión filosófica sobre el espacio, el tiempo y la materia no puede prescindir de los datos científicos pertinentes si quiere ser algo más que una mera manipulación subjetiva de conceptos. La geometría y la física algo tienen que decir con respecto al espacio; la física, la astronomía y la biología algo tienen que decir con respecto al tiempo y a la materia" (FERRAZ, 2008, p. III).

5 "Zubiri ha tenido siempre presente la necesidad de apoyar su pensamiento en los conocimientos aportados por la ciencia, aun en cuestiones que podrían considerarse *puramente* metafísicas."

Intelectuais como Fowler (2007, p. 3) atestam o crescimento e globalização dos estudos em Zubiri:

> Especialmente encorajador é o que pode ser chamado de 'globalização dos estudos sobre Zubiri' [...]. A tradução dos trabalhos de Zubiri para outros idiomas também está em andamento. As traduções para francês, italiano, inglês, alemão e russo estão planejadas ou em andamento.[6]

Em relação à tarefa que compreende a divulgação de Zubiri, também no Brasil encontramos artigos acadêmicos e algumas publicações de e sobre Zubiri. O que precisa ser decidido é o ponto de distinção entre publicações e pesquisa para apresentar o procedimento metódico da evolução do pensamento zubiriano. Essa é, de fato, a peculiaridade seminal entre os estudos sobre Zubiri daqueles que se aprofundam nos elementos fundamentais que legitimam o conjunto ou o todo da filosofia zubiriana em constante atualização. É nesse sentido apenas que se deve entender a novidade zubiriana à qual importa também um olhar retroativo, analisando onde Zubiri já estava presente.

1.1. Zubiri enquanto vazio teórico

Embora haja núcleos de pesquisa sobre Zubiri no México, Colômbia, Argentina e especialmente no Chile[7], a argumentação parte da constatação da presença estruturante, porém indireta, de Zubiri na América Latina com consequências no Brasil. A partir disso, a influência transversal zubiriana representa um "vazio teórico", sobre o qual vamos nos debruçar.

> Podem haver várias razões para iniciar um projeto de pesquisa de desenvolvimento de teorias. Uma dessas razões é a experiência de *lacunas* na *construção de uma teoria*. Uma nova teoria ou uma parte complementar da teoria precisa ser desenvolvida[8] (VERSCHUREN; DOOREWAARD, 2010, p. 42, grifo dos autores).

---

6 "Especially encouraging is what may be termed the 'globalization of Zubiri studies'. [...] Translations of Zubiri's works into other languages is also proceeding apace. Translations into French, Italian, English, German, and Russian are either planned or underway."

7 Para o crescimento do interesse sobre Zubiri na América Latina, consultar o livro *Balance y perspectivas de filosofía de X. Zubiri,* editado por Juan Antonio Nicolás e Óscar Barroso (2004).

8 "There may be several reasons for starting a theory-developing research project. One of these reasons is the experience of *gaps* in the *construction of a theory*. A new theory or a complementary part of the theory needs to be developed."

Na assertiva de que "exposições" de teorias sobre a realidade utilizaram o aporte zubiriano sem mencioná-lo, desdobraremos os parágrafos a seguir sob a tensão dialética de encobrimento e descobrimento da influência zubiriana.

Cabe aqui alusão à *problematização* do encobrimento e descobrimento de Zubiri enquanto vazio teórico no Brasil, anterior a qualquer análise ou núcleos de pesquisa relativamente recentes sobre Zubiri. O termo "problema" é filosoficamente prestigiado por Zubiri (2002, p. 40, grifo do autor), e isso

> [...] não indica que a filosofia tem um problema próprio, juntamente com outros problemas de outras ciências, mas que é um problema porque é teoria. [...] Não é, portanto, a filosofia problema apenas por seu conteúdo, mas é, ao mesmo tempo, o problema de si mesma. É a estranheza da estranheza, o problema do problema, o puro problema. As outras ciências têm dificuldades: é a própria dificuldade de existir teoricamente entre as coisas.[9]

Entendemos aqui "problema" como sinônimo de teoria, e, partindo desse princípio, vamos contextualizar o encobrimento/descobrimento de Zubiri em âmbito brasileiro. Sobre este ponto, a lacuna zubiriana, embora paradoxalmente presente de forma indireta em âmbito latino-americano, é notável. Como exemplo, os três volumes do dicionário *Pensamiento crítico latino-americano* (2005), coordenado pelo filósofo chileno Ricardo Salas Astrain, não fazem referência a Zubiri e não contemplam o verbete "*realidade*", por exemplo.

Seguindo o alcance do pensamento zubiriano na América Latina, Juan Carlos Scannone (2005, p. 430), na entrada *Filosofía/Teología de la liberación* do supracitado dicionário, faz referência aos pressupostos filosóficos da teologia da libertação, utilizando o pensamento de Ellacuría, mas epistemologicamente não nomeando o peso teórico existente de Zubiri na questão, embora ambos estejam profundamente imbricados, como magistralmente atesta Héctor Samour (2010): "falar sobre Ellacuría é falar sobre Zubiri aplicado à América Latina".[10]

Assim, em outra síntese teórica, muito brevemente, o professor argentino Carlos Alemián (2005, p. 841), no verbete *Praxis*, "menciona" Zubiri, fazendo

---

9 "[...] no indica que la filosofía *tiene un* problema suyo, junto a otros problemas de otras ciencias, sino que es problema porque es teoría. [...] No es, pues la filosofía problema por sólo su contenido, sino que es, a un tiempo, el problema de sí misma. Es la extrañeza de la extrañeza, el problema del problema, el problema puro. Las demás ciencias *tienen* dificultades: es la dificultad misma de existir teoréticamente entre las cosas."

10 "[...] hablar de Ellacuría es hablar de Zubiri aplicado a América Latina."

Xavier Zubiri: Interfaces | 19

breve referência à obra zubiriana *Estructura dinámica de la realidad*. A menção é compreensível, pois Alemián desenvolve a ideia de práxis segundo Ellacuría, cujo pensamento fundamenta-se na supracitada obra zubiriana. Também argentino, Osvaldo Ardiles (2005, p. 897-899) desenvolveu uma crítica sobre a *Racionalidad* utilizando amplamente a obra *Sobre la esencia*, de Zubiri, consistindo em contingência notável face às demais reflexões. Em suma, nos três volumes do *Pensamiento crítico latino-americano* foram dicionarizados 75 conceitos fundamentais e apenas um autor, em parte, *problematizou* o pensamento de Zubiri.

A confirmação da suspeita de um vazio teórico de referências diretas a Zubiri é dada na especificação que o filósofo Eduardo Devés Valdés faz em sua prodigiosa obra *El pensamiento latino-americano en el siglo XX*, onde, em seus três densos tomos, o tema da realidade não foi concebido e notas a Zubiri igualmente não ocorreram.[11]

No mesmo grupo de pensadores latino-americanos ocupados com a interculturalidade e o diálogo Norte-Sul, o filósofo Antonio Sidekum relata[12] que na década de 1970 uma importante universidade confessional gaúcha vetou um pioneiro projeto de mestrado em filosofia que intencionava pesquisar o pensamento de Zubiri. O argumento sustentado versava: "Zubiri não era filósofo". Essa observação, equivocada e carente de entendimento, certamente não se ancorava em algum catedrático que realmente tenha estudado o filósofo espanhol. Ainda, Sidekum apontou que a realidade, conceito caro a Zubiri, aparecia de forma considerável em um psicólogo jesuíta salvadorenho: Ignacio Martín-Baró, um dos mártires da Universidad Centroamericana José Simeón Cañas de San Salvador, El Salvador.

A realidade figura como conceito marginal na psicologia, e Martín-Baró seria sua extraordinária contrafigura. Em seu famoso artigo "Psicologia da libertação", Martín-Baró (2009, p. 181) sublinha a contribuição social da psicologia na América Latina: "Com base em uma perspectiva geral, deve-se reconhecer que a contribuição da psicologia, como ciência e como práxis, à história dos povos latino-americanos

---

11 DEVÉS VALDÉS, Eduardo. *El pensamiento latino-americano en el siglo XX: Entre la modernización y la identidad. Del Ariel de Rodó a la CEPAL (1900-1950)*. Buenos Aires: Biblos/Centro de Investigaciones Diego Barros Arana, 2000. Tomo I. DEVÉS VALDÉS, Eduardo. *El pensamiento latino-americano en el siglo XX: Desde la CEPAL al neoliberalismo (1950-1990)*. Buenos Aires: Biblos/Centro de Investigaciones Diego Barros Arana, 2003. Tomo II. DEVÉS VALDÉS, Eduardo. *El pensamiento latino-americano en el siglo XX: Los noventa*. Buenos Aires: Biblos/Centro de Investigaciones Diego Barros Arana, 2003. Tomo III.

12 Comunicação pessoal.

é extremamente pobre". A psicologia latino-americana, segundo Martín-Baró (2009, p. 188), se debateu com falsos dilemas. "Falsos não tanto porque não representam dilemas teóricos, mas porque não respondem às perguntas de nossa realidade". A curiosa mudança epistemológica de Martín-Baró ao acrescentar a realidade como ponto axial para o fazer psicológico latino-americano não se apoia em si mesma. A libertação da psicologia de esquemas assépticos sofreu a influência direta da teologia. Martín-Baró (2009, p. 190) corrobora a questão: "Recentemente, perguntava eu, a um dos mais conhecidos teólogos da libertação, quais seriam, em sua opinião, as três intuições mais importantes dessa teologia. Sem muitas dúvidas, meu bom amigo destacou os seguintes pontos".

Entre os pontos destacados pelo *amigo* de Martín-Baró (2009, p. 190), sublinhamos dois: "A afirmação de que o objeto da fé cristã é um Deus de vida e, portanto, que o cristão deve assumir como sua primordial tarefa religiosa promover a vida" (MARTÍN-BARÓ, 2009, p. 190). A vida, antes de grupos acadêmicos rivais que problematizam a teoria sobre a vida, obteve ampla repercussão, levando o pensamento de Martín-Baró para discussões interamericanas e além-mar como nos Estados Unidos e na Alemanha.[13] O segundo ponto que grifamos do psicólogo jesuíta segue: "A verdade prática tem primazia sobre a verdade teórica, a ortopráxis sobre a ortodoxia" (MARTÍN-BARÓ, 2009, p. 190). O viés da realidade deixa poucas dúvidas quanto à identidade do amigo consultado por Martín-Baró: tratava-se de Ignacio Ellacuría.

> Para Ellacuría, uma filosofia latino-americana, mais do que centrar-se primordialmente no problema da identidade cultural e no sentido da história latino-americana, deve ser pensada a partir da realidade e para a realidade histórica latino-americana e a serviço das maiorias populares que definem essa realidade tanto quantitativa quanto qualitativamente (SAMOUR, 2016, p. 397).

Ellacuría, mais do que qualquer outro pesquisador, difundiu o pensamento de Zubiri, primeiro como íntimo colaborador e depois como fonte geradora para a teologia e filosofia latino-americanas. Através dos muitos cursos assistidos, entre

---

13 O livro *Writings for a liberation psychology*, uma coletânea de artigos de Martín-Baró editado por Adrianne Aron e Shawn Corne foi publicado pela editora Harvard University Press em 1994. Na Alemanha, no periódico *Stimmen der Zeit*, em julho de 2008, na edição número 7, publicou-se um artigo de autoria de Simone Lindorfer intitulado "Befreiungspsychologie: Annäherung an die Realität von Traumatisierung in Ostafrika" ["Psicologia da libertação: Abordando a realidade da traumatização na África Oriental"]. O artigo apresenta um excelente e amplo desenvolvimento a partir da psicologia da realidade de Martín-Baró.

eles os que originaram a obra *Estructura dinamica de la realidad*, Ellacuría também atingiu sua originalidade. O fato de Ellacuría promover um passo a mais e refinar sua ótica e seu próprio pensamento não pode ser esquecido.

Ainda, outro exemplo de um intelectual contemporâneo que avançou através de Zubiri é Raimon Panikkar. Ele seguiu os cursos de Zubiri

> [...] sobre a dimensão histórica e teológica do ser humano, bem como suas reflexões sobre a filosofia da ciência e sobre a relação entre homem e Deus, na qual Deus não pode ser reduzido a objeto de conhecimento humano. Todos eles são temas que Panikkar mais tarde retomaria e desenvolveria ao longo de sua vida[14] (BIELAWSKI, 2014, p. 61).

Sem dúvida, não é difícil encontrar relações e influências do pensamento de Zubiri no pensamento panikkariano. Panikkar admite que "homens como Zubiri [...] também estiveram próximos de muitas coisas que obviamente influenciaram minha vida"[15] (PANIKKAR, 1985, p. 24-25). No entanto, o aspecto central do reconhecimento panikkariano está na inteligência senciente. "É mérito de Xavier Zubiri ter enfatizado o caráter unitário da inteligência humana que é ao mesmo tempo sensível e inteligente"[16] (PANIKKAR, 2014, p. 65).

Ora, já pode ser dito que, através dos exemplos paradigmáticos de Ellacuría e Panikkar, também nós podemos dar um passo a mais ao estudar Zubiri. Quais os motivos para estudarmos Zubiri também como uma *opera omnia* inspiradora? A resposta está no início dos trabalhos do V Congresso Internacional Xavier Zubiri. Diego Gracia, na conferência inaugural, iniciou sua apresentação com a seguinte afirmação:

> Não se trata de fazer uma 'escolástica' de Zubiri, mas de continuar o que ele deixou em um determinado momento. O resto é erudição. Os mestres são gigantes que nos permitem andar sobre eles, não para repetir o que fizeram, mas para ver um pouco mais. O próprio Sócrates dizia: não se ocupe de mim, se ocupe da verdade. Neste congresso o objetivo não é Zubiri, é a verdade.[17]

---

14 "[...] sobre la dimensión histórica y teológica del ser humano, así como sus reflexiones sobre la filosofía de la ciencia y sobre la relación entre hombre y Dios, en la que Dios no puede ser reducido a objeto del conocimiento humano. Todos ellos son temas que Panikkar posteriormente retomaría y desarrollaría a lo largo de su vida."

15 "[...] hombres como Zubiri [...] han estado también cerca de muchas cosas que evidentemente han influido en mi vida."

16 "Es mérito de Xavier Zubiri el haber subrayado el carácter unitario de la intelección humana que es al mismo tiempo sentiente e inteligente."

17 "No se trata de hacer una 'escolástica' de Zubiri, sino de continuar lo que él dejó en cierto momento. Lo demás es erudición. Los maestros son gigantes que nos permiten montarnos sobre ellos no para

As palavras de Gracia soam, na verdade, como uma advertência. Quando estudamos a vultosa produção zubiriana, sabemos que se trata de um filósofo importante de alcance extraeuropeu. Aqueles que o percebem como teólogo, por exemplo, estão perdidos em especulações, o que é desastroso. Zubiri é um pensador cuja produção é extremamente técnica e filosoficamente exigente. Cabe ter presente que isso não significa que não podemos dar um salto além de Zubiri, mas antes devemos conhecê-lo de forma profunda. "Essa atitude inicial é importante para obter uma orientação para a leitura de filósofos, e especificamente de Zubiri. Eles têm buscado a verdade com fidelidade aos professores, mas sem votos de obediência"[18] (GRACIA, 2019, p. 1).

Em particular, um palestrante muitíssimo competente está acostumado aos saltos que transcendem a obra zubiriana. Seu nome é Thomas Fowler, presidente da The Xavier Zubiri Foundation of North America, cuja fundação reporta a uma semente plantada por Zubiri através de palestra proferida por ele em Princeton no ano de 1946.[19] Fowler, como muitos outros zubirianos competentes, é arguto porque sua maestria revela um grande domínio da *opera magna* zubiriana: a trilogia da *inteligência senciente*. Em sua palestra, denominada *Limitaciones de la inteligencia artificial a la luz de Inteligência senciente de Zubiri*, ministrada no segundo dia do V Congresso Internacional Xavier Zubiri, Fowler comprova que a inteligência artificial não é uma inteligência de realidades. Implicitamente, ele utiliza o paradigma zubiriano do animal, que não é um animal de realidades como o ser humano o é. O animal está alocado na inteligência sensível. "A distinção de Zubiri entre inteligência sensível e inteligência senciente pode ser aplicada ao entendimento das limitações da Inteligência Artificial"[20] (FOWLER, 2019, p. 11). Os temas da

---

repetir lo que ellos hicieron sino para ver un poco más. Sócrates mismo decía: no os ocupéis de mí, ocupaos de la verdad. En este congreso el objetivo no es Zubiri, es la verdad." Excerto da palestra de abertura do V Congresso Internacional Xavier Zubiri, realizada na manhã do dia 25 de setembro, no Dipartimento di Studi Umanistici Santa Teresa dei Maschi – Università Degli Studi di Bari Aldo Moro.

18 "Esta actitud inicial es importante para hacernos con una pauta de lectura de los filósofos, y concretamente de Zubiri. Ellos han ido buscado la verdad con fidelidad a sus maestros pero sin votos de obediencia."

19 "A história de Zubiri na América do Norte, sem dúvida, data de sua visita com sua esposa Carmen à Universidade de Princeton em 1946, onde seu sogro Américo Castro estava dando palestras. Zubiri permaneceu nos Estados Unidos por vários meses, visitando outras cidades, incluindo Nova York e Washington. Em Princeton, durante o mês de outubro de 1946, Zubiri proferiu uma palestra em francês, 'Le reel et les mathematíques: un problème de philosophie', agora perdida" (FOWLER, 2004, p. 100, grifo do autor).

20 "La distinción de Zubiri entre inteligencia sensible y inteligencia sentiente puede aplicarse a la comprensión de las limitaciones de la IA."

Xavier Zubiri: Interfaces

| 23

inteligência sensível e senciente e do ser humano enquanto animal de realidades configuram uma das grandes reflexões encontradas na trilogia. Em uma palavra, o domínio da trilogia representa uma chave-mestra do *corpus* zubiriano.[21] Prova da importância da trilogia está na presença de seus conceitos fundamentais tais como *apreensão primordial*, *logos* e *razão* em obras de períodos e temáticas distintas, como Vargas Abarzúa (2019, p. 13, grifo nosso) citou:

> *Espaço, Tempo, Matéria* (especificamente '*O conceito de matéria*' e '*O ser vivo*), a trilogia teologal (*O homem e Deus, O problema teologal do homem: Deus, religião, cristianismo, Sobre a religião*) e *Ciência e realidade* (ainda não publicado). Embora pertençam a diferentes temas e épocas, eles têm algo em comum: a tentativa de pensá-los em seus vários momentos de atualidade (apreensão primordial, logos e razão).[22]

Gracia, em um de seus inúmeros comentários intermitentes às comunicações do V Congresso Internacional Xavier Zubiri, salientou que a obra *Sobre la esencia* foi estudada pelo grupo de estudos da época por um ano inteiro. Por sua vez, a trilogia foi estudada durante treze anos. "No Seminário de análise de texto, dedicamos o último ano a começar a ler Sobre la esencia, de Zubiri, depois de passar pelo menos 13 anos, de 2005 a 2018, estudando a trilogia da Inteligência Senciente"[23] (GRACIA, 2019-2021, p. 64).

O período de um ano de estudos concentrados na inteligência e cujo pontapé inicial teve como objeto a obra *Sobre la esencia* foi documentado como a gênese da trilogia, iniciada no ano de 1972.

> [...] começamos analisando as páginas 112 a 134 de *Sobre la esencia*, e [...] passamos as 'Notas sobre la inteligencia humana' (SR 243-259). Estudamos o texto detalhadamente, linha por linha, e enquanto certas coisas ganharam maior clareza, outras continuaram na mais completa obscuridade. Hoje, que conhecemos toda a teoria zubiriana

---

21 Importante sublinhar que Zubiri é protagonista, além da trilogia da inteligência senciente, de outra trilogia, a teologal, constando nos seguintes títulos: *El hombre y Dios, El problema teologal del hombre: Dios, religión, cristianismo* e *Sobre la religión*.

22 "Espacio, Tiempo, Materia (específicamente 'El concepto de materia' y 'El ser vivo'), la trilogía teologal (El hombre y Dios, El problema teologal del hombre: Dios, religión, cristianismo, Sobre la religión) y Ciencia y realidad (todavía inédito). Aunque pertenecen a temas y épocas distintas, tienen algo en común: el intento de pensarlas en sus diversos momentos de actualidad (aprehensión primordial, logos y razón)."

23 "In the Seminar of text analysis we have dedicated the last year to begin reading Zubiri's On Essence, after having spent no less than 13 years, from 2005 to 2018, studying the Sentient Intelligence trilogy."

do conhecimento, sabemos o porquê. Naquele artigo, com efeito, assim como nas páginas de *Sobre la esencia*, Zubiri explicou que a inteligência senciente atualizava as coisas como formalmente reais, mas sem desenvolver a marcha do inteligir, nem explicitar como desde a mera intelecção se chegava ao conhecimento[24] (GRACIA, 2017, p. 290, grifos do autor).

O desenvolvimento da marcha do inteligir, de forma generalizada, está presente no itinerário da obra publicada de Zubiri. De forma especial, a inteligência figura como objeto de uma investigação profunda em sua trilogia sobre a inteligência senciente, que, naquela época, estava sendo gestada. Todavia, antes dessa trilogia, a difusão zubiriana publicada foi escassa: *Naturaleza, Historia, Dios*, cuja primeira edição era do ano de 1944, *Sobre la esencia* (1962) e *Cinco lecciones de filosofía* (1963). Zubiri proferiu inúmeras comunicações, produziu um titânico volume de anotações e deixou muitas comunicações não impressas que foram por ele revisadas integralmente ou em parte. Com relação a esse fato de caráter longitudinal, os pesquisadores e o núcleo de catedráticos mais próximos a Zubiri não tinham em mãos as minúcias da evolução de seu pensamento. De forma altamente intelectualizada, a equipe de estudiosos onde figuravam Diego Gracia e Ellacuría percebe os aspectos subliminares da obra *Sobre la esencia*. Em janeiro de 1972, se concretiza a iniciativa de estudos organizados ao redor da obra zubiriana, a saber, o *Seminario Xavier Zubiri*. Consoante Corominas e Albert Vicens (2006, p. 655), "Ignacio Ellacuría convoca o grupo de jovens que estão no entorno do filósofo: Alberto del Campo, o mais velho de todos; Alfonso López Quintás, Carlos Baciero, Carlos Fernández Casado, María Riaza e Diego Gracia".[25]

A gênese da redação da trilogia começava aí sua marcha através de "seminários", da qual memoravelmente Gracia (2017, p. 290-291) nos expõe seus primeiros passos com elegante minúcia:

---

24 "[...] comenzamos analizando las páginas 112 a 134 de *Sobre la esencia*, y [...] pasamos a 'Notas sobre la inteligencia humana' (SR 243-259). Estudiamos el texto con gran detenimiento, línea por línea, y si bien ciertas cosas cobraron mayor claridad, otras siguieron en la más completa de las oscuridades. Hoy, que conocemos toda la teoría zubiriana del conocimiento, sabemos por qué. En ese artículo, en efecto, como también en las páginas de *Sobre la esencia*, Zubiri exponía que la inteligencia sentiente actualizaba las cosas como formalmente reales, pero sin desarrollar la marcha del inteligir, ni explicitar cómo desde la mera intelección se llegaba al conocimiento."

25 "Ignacio Ellacuría convoca al grupo de jóvenes que se hallan en el entorno del filósofo: Alberto del Campo, el mayor de todos; Alfonso López Quintás, Carlos Baciero, Carlos Fernández Casado, María Riaza y Diego Gracia."

> Lembro-me de que quando, no decorrer dos debates, passamos sem uma solução de continuidade da intelecção para o conhecimento, Zubiri imediatamente intervinha para dizer que não era assim, que inteligir não era conhecer, que o conhecimento era outra coisa. Mas essa outra coisa não foi explicada nos textos que tínhamos em mãos. Foi isso que nos fez insistentemente pedir-lhe o desenvolvimento sistemático, em uma ou várias sessões do seminário, de toda a sua teoria da inteligência ou do problema do conhecimento. Ele concordou com isso, e o resultado foram três sessões, realizadas no mês de junho do ano de 1976, especificamente nos dias 14, 21 e 28, sob o título geral de 'La estructura de la inteligencia'. Suas exposições foram gravadas em fita e posteriormente transcritas por Carmen Castro. Essas folhas foram o primeiro rascunho do que acabaria sendo a trilogia da inteligência.[26]

Além das folhas de papel transcritas pela esposa de Zubiri, algumas atas das sessões do Seminário Xavier Zubiri foram utilizadas para a elaboração da trilogia da inteligência.[27]

1.2. A obra *Sobre la esencia*

A obra *Sobre la esencia* foi amplamente mal compreendida nos primeiros anos transcorridos de sua publicação. Como o pensamento zubiriano se debruçava sobre a inteligência, a crítica filosófica alemã (carregando o "status" filosófico da segunda aurora grega) percebia a difusão do termo *Vernunft*[28] como vanguarda e critério

---

26 "Recuerdo que cuando, en el curso de los debates, pasábamos sin solución de continuidad de la intelección al conocimiento, Zubiri inmediatamente intervenía para decir que eso no era así, que inteligir no era conocer, que el conocimiento era otra cosa. Pero esa otra cosa no aparecía explicada en los textos que teníamos a mano. Eso es lo que hizo que le pidiéramos insistentemente el desarrollo sistemático, en una o varias sesiones del seminario, de su teoría entera de la inteligencia, o del problema del conocimiento. Accedió a ello, y el resultado fueron tres sesiones, que tuvieron lugar en el mes de junio del año 1976, concretamente, los días 14, 21 y 28, bajo el título general de 'La estructura de la inteligencia'. Sus exposiciones se grabaron en cinta magnetofónica y fueron luego transcritas por Carmen Castro. Esos folios constituyeron el primer borrador de lo que terminaría siendo la trilogía de la inteligencia."

27 Tirado (2008, p. 19), ao comentar sobre o 21º livro de Zubiri que vem à luz, denominado *Escritos menores*, nos dá pistas sobre a confecção da trilogia zubiriana: "El tercer y último bloque que conforma el libro aparece bajo el epígrafe de 'Apéndice: Dos sesiones del Seminario Xavier Zubiri' y contiene las actas de dos sesiones del Seminario Xavier Zubiri de 1978, que el filósofo utilizó para la elaboración de la trilogía sobre la inteligencia. Ya fueron publicadas por Jordi Corominas en la revista Realidad 72 de San Salvador en 1999. Presentan el interés de dar a conocer cómo funcionaba el Seminario cuando el mismo Zubiri lo dirigía".

28 *O Dicionário de teoria do conhecimento e metafísica* (2005, Unisinos) organizado pelo filósofo alemão Friedo Ricken não contempla o verbete "inteligência", referenciando o termo "intelecto" diluído nas entradas conceituais dicionarizadas de "Espírito" (*Geist*) e "Razão" (*Vernunft*).

técnico da filosofia universal. A partir disso, o termo *inteligência* foi equivocadamente classificado como escolástico, e *Sobre la esencia* e seu autor assim foram rotulados.

A gênese da obra *Sobre la esencia* é uma das maiores curiosidades de toda filosofia ocidental. Sua formação começa com uma nota de rodapé de quatro linhas, como Vargas Abarzúa destacou em sua exposição *Análisis de las últimas obras publicadas por Zubiri*. Em uma das visitas periódicas de Ellacuría à casa de Zubiri, o filósofo espanhol que começava a ser notabilizado pelo seu pensamento havia sido cobrado sobre um específico livro em vias de ser finalizado. Conforme Vicens e Corominas (2006, p. 612) relatam, Zubiri se defendeu diante de Ellacuría a respeito da inconclusão de *Sobre la esencia*:

> [...] eu não terminei. Este livro começou como uma nota ao ciclo de conferências intitulada 'Sobre la persona', cujo objetivo era esclarecer as quatro linhas que dediquei a falar sobre a essência (tentei enfrentar as antinomias da natureza e da pessoa). A nota foi estendida para dez páginas; eu pensei em torná-lo um apêndice; o apêndice foi estendido para trinta páginas e, como devia uma publicação à Sociedad de Estudios y Publicaciones, então pensei em um folheto. O folheto estava crescendo até se tornar um livro... e agora já vou pelas quinhentas páginas. Acho que me faltam mais umas cinquenta, que pretendo terminar.[29]

O que sucede é que as indagações direcionadas sobre a obra *Sobre la esencia* apoiaram a eclosão da trilogia através de uma longa gestação. A trilogia, em sua marcha da *inteligencia sentiente*, perpassa praticamente toda *opera omnia*, como, por exemplo, em volumes que focam outras temáticas como o livro de Zubiri *Acerca del mundo*, que se dedica ao problema do mundo.

1.3. A EVOLUÇÃO DO PENSAMENTO ZUBIRIANO ATRAVÉS DE SEUS ESCRITOS

A estrutura do *corpus* zubiriano e o proceder por meio de suas milhares de páginas é atualmente algo inédito, dado à quantidade de material póstumo que hoje vê a luz. Gracia assevera que a geração que estuda Zubiri hoje é extremamente

---

29 "[...] no lo he terminado. Este libro empezó siendo una nota al ciclo de conferencias titulado 'Sobre la persona', cuyo objetivo era aclarar las cuatro líneas que dediqué a hablar de la esencia (trataba en ella de enfrentar las antinomias de naturaleza y persona). La nota se alargó a diez páginas; pensé hacer de ella un apéndice; el apéndice se alargó a treinta páginas y, como debía una publicación a la Sociedad de Estudios y Publicaciones, entonces pensé en un folleto. El folleto fue creciendo hasta convertirse en libro... y ahora ya voy por las quinientas páginas. Creo que me quedarán unas cincuenta más, que pretendo acabar."

privilegiada e que podemos estudar o pensamento zubiriano através de prismas anteriormente inexistentes como o da *evolução* de seu pensamento. Para Gracia (CONGRESSO, 2019, p. 1), a *"evolución continua a lo largo del tiempo"*. Antonio González segue o plano de trabalho sobre a *evolução* do pensamento zubiriano, e, em sua palestra *La metafísica del futuro*, destaca a revisão e ampliação incansável do próprio Zubiri:

> [...] o pensamento de Zubiri, por mais que ele mantenha uma vontade sistemática e construtiva, sempre foi também uma reflexão aberta, caracterizada por um constante processo de revisão, expansão e radicalização. É por isso que vale a pena perguntar para onde a reflexão de Zubiri apontava e para onde suas linhas de força fundamentais estavam levando. Essa questão é inexoravelmente colocada antes da 'atualidade' como um conceito central nos últimos anos de sua evolução intelectual[30] (GONZÁLEZ, 2019, p. 2).

Ora, a questão da evolução interessa. As obras zubirianas apresentam aspectos singulares altamente estimulantes. Por exemplo, a obra *El hombre: Lo real y lo irreal* descreve, entre outras coisas, uma teoria do espectro. *Sobre el sentimiento y la volición* surpreende ao tratar sobre estética, algo pouco comum no itinerário zubiriano.

Os livros nodais propostos pelos organizadores do V Congresso Internacional Xavier Zubiri, a saber, *Los problemas fundamentales de la metafísica occidental* e *La estructura de la metafísica*, significam uma ponte para o entendimento da evolução do pensamento zubiriano. Os livros supracitados justificam de forma extremamente crítica que não há razão pura. "Não há razão pura, mas inteligência senciente, e o único mundo é o real, sentível ou senciente. Não é possível ir além desse limite, que atua como um horizonte que não pode ser atravessado"[31] (GRACIA, 2017, p. 663-664). A base do estudo zubiriano é a trilogia, e as menções sobre a inteligência senciente são o fio condutor da *agora* obra completa. A vanguarda intelectual de Zubiri, ao afirmar cabalmente que a razão é impura, e por isso senciente, impressiona aqueles que ainda vivem às sombras do dualismo mente e corpo.

---

30 "[...] el pensamiento de Zubiri, por más que mantenga una voluntad sistemática y constructiva, fue siempre también una reflexión abierta, caracterizada por un proceso constante de revisión, ampliación y radicalización. Por eso cabe preguntarse hacia dónde apuntaba la reflexión de Zubiri, y hacia dónde la conducían sus líneas de fuerza fundamentales. Esta cuestión se sitúa inexorablemente ante la 'actualidad' como un concepto central en los últimos años de su evolución intelectual."

31 "No hay razón pura sino inteligencia sentiente, y el único mundo es el real, el sentible o sentiente. No es posible ir más allá de este límite, que actúa a modo de horizonte que no nos es posible traspasar."

1.4. Zubiri: um itinerário atualizado e em evolução

Retroagindo um pouco, depois do III Congresso Internacional Xavier Zubiri, celebrado em Valparaíso, Fernández Tejada e Cheriff dos Santos publicaram na *Revista portuguesa de filosofia* o artigo "Anotações críticas de *Sobre a Essência*: Eliminando 'a densa neblina' sobre a Filosofia da Realidade de X. Zubiri". Para Gracia e Antonio González, a densa neblina não existe mais e o momento atual supera e muito o IV Congresso Mundial Xavier Zubiri, celebrado em Morelia, no México, em 2014. Fernándes Tejada e Cheriff dos Santos (2013, p. 124, grifo dos autores) afirmaram:

> Hoje em dia há um estudo sistemático de sua filosofia, mantendo convênios de ensino e docência com a *Fundación Xavier Zubiri*, na Argentina, Chile, Colômbia, El Salvador, México, Nicarágua e Uruguai. Não podemos deixar de almejar os frutos desejados por T. Fowler e seus amigos [...] para a divulgação do pensamento de Zubiri na América do Norte e em todo o mundo. Poderemos pensar isso no Brasil?

Certamente, como ouvimos no cotidiano, "uma andorinha só não faz verão". A fatuidade do interesse no pensamento de Zubiri não eclode de artigos isolados sobre ele. Que haja produções esparsas sobre Zubiri no Brasil, coletadas em revistas especializadas, não justifica que o *corpus* zubiriano tenha sido de forma abissal sistematicamente estudado. Sobre a referência e o objetivo da argumentação de um aprofundamento metódico do pensamento zubiriano e de sua atualidade, cabe ter presente o grupo de pesquisa *Teologia Litúrgica*, da PUC-SP. Em 2018, segundo o Prof. Dr. Pe. Valeriano dos Santos Costa, o grupo de pesquisa propôs o

> [...] Projeto de Pesquisa 'Liturgia e Inteligência Senciente', estabelecendo agora um diálogo com o filósofo contemporâneo Xavier Zubiri, que tem como eixo o que ele chama de 'inteligência senciente' e como tema radical a abrangente questão da realidade. A novidade da metafísica e a noologia zubirianas é irrefutável e constitui um novo patamar compreensivo e argumentativo para a Teologia falar ao mundo de hoje.[32]

O grupo de estudos sobre a obra zubiriana na PUC-SP é prelúdio de diálogos e atualizações sistemáticas, cujo empreendimento em expansão convida os

---

32 *Valeriano dos Santos Costa pvaleriano@uol.com.br.* 16 jan. 2020. "Pequeno histórico". *E-mail* para: *Geovani Meinhardt meinhardts.gmail.com.*

estudantes e pesquisadores para a salutar discussão sobre a realidade *tal qual* Zubiri abertamente concebeu.

REFERÊNCIAS BIBLIOGRÁFICAS

ALEMIÁN, Carlos. "Praxis". *In:* SALAS ASTRAIN, Ricardo (Org). *Pensamiento crítico latinoamericano: Conceptos fundamentales.* Santiago de Chile: Ediciones Universidad Católica Silva Henríquez, 2005, v. III, p. 833-850.

ARDILES, Osvaldo A. "Racionalidad". *In:* SALAS ASTRAIN, Ricardo (Org). *Pensamiento crítico latinoamericano: Conceptos fundamentales.* Santiago de Chile: Ediciones Universidad Católica Silva Henríquez, 2005, v. III, p. 891-905.

BIELAWSKI, Maciej. *Panikkar: Una biografía.* Barcelona: Fragmenta, 2014.

COROMINAS, Jordi; VICENS, Joan Albert. *Xavier Zubiri: La soledad sonora.* Madri: Taurus, 2006.

FERNÁNDES TEJADA, José; CHERIFF DOS SANTOS, Antônio Tadeu. "Anotações críticas de *Sobre a Essência*: Eliminando 'a densa neblina' sobre a Filosofia da Realidade de X. Zubiri". *Revista portuguesa de filosofia*, 69 (1): 93-124, 2013 (Braga).

FERRAZ, Antonio. "Presentación". *In*: ZUBIRI, Xavier. *Espacio, tiempo, materia.* Madri: Alianza/Fundación Xavier Zubiri, 2008, p. I-VII.

FOWLER, Thomas B. "Abstract"; "Inteligencia artificial a la luz de la teoria de la inteligencia sentiente de Zubiri". *In: V Congresso Internazionale Xavier Zubiri: Pensare la metafisica nell'orizzonte del XXI secolo.* Bari, Itália: Università Degli Studi di Bari Aldo Moro/Dipartimento di Studi Umanistici, 2019, p. 11.

_____."Editorial". *The Xavier Zubiri Review*, 9: 3-4, 2007 (Washington, DC.).

_____."History of Zubiri Studies and Activity in North America". *The Xavier Zubiri Review*, 6: 99-104, 2004 (Washington, DC.).

GONZÁLEZ, Antonio. "Abstract"; "La metafísica del futuro". *In: V Congresso Internazionale Xavier Zubiri: Pensare la metafisica nell'orizzonte del XXI secolo.* Bari, Itália: Università Degli Studi di Bari Aldo Moro/Dipartimento di Studi Umanistici, 2019, p. 1-2.

GRACIA, Diego. "Amicus Plato: Philosophy as Profession of Truth". *The Xavier Zubiri Review*, 15: 61-69, 2019-2021 (Washington, DC.).

_____. "Abstract"; "Amicus Plato: La filosofía como profesión de verdad". *In: V Congresso Internazionale Xavier Zubiri: Pensare la metafisica nell'orizzonte del XXI secolo*. Bari, Itália: Università Degli Studi di Bari Aldo Moro/Dipartimento di Studi Umanistici, 2019, p. 1.

_____. *El poder de lo real: Leyendo a Zubiri*. Madri: Triacastela, 2017.

MARTÍN-BARÓ, Ignacio. "Para uma psicologia da libertação". *In:* GUZZO, Raquel S. L.; LACERDA JÚNIOR, Fernando (orgs.). *Psicologia social para a América Latina: O resgate da psicologia da libertação*. Campinas: Alínea, 2009, p. 181-197.

PANIKKAR, Raimon. *La religión, el mundo y el cuerpo*. Barcelona: Herder, 2014.

_____. "Reflexiones autobiográficas". *Anthropos: Revista de documentación científica de la cultura. Raimundo Panikkar*, 53-54: 22-25, 1985 (Barcelona).

PINTOR-RAMOS, Antonio. "Zubiri: Una Metafísica en la Edad Postmetafísica". *Revista portuguesa de filosofía*, 71 (2-3): 307-325, 2015 (Braga).

SAMOUR, Héctor. "Filosofia da libertação". *In:* SIDEKUM, Antonio; WOLKMER, Antonio Carlos; RADAELLI, Samuel Manica (orgs.). *Enciclopéida latino-americana dos direitos humanos*. Blumenau/Nova Petrópolis: Edifurb/Nova Harmonia, 2016. p. 395-403.

_____. *La hermenéutica histórica de Ignacio Ellacuría – Apresentando (Parte 1/2)*. 28 nov. 2010, 14 min. Disponível em: https://www.youtube.com/watch?v=ueRAoejZE88. Acesso em: 17 jan. 2020.

SCANNONE, Juan Carlos. "Filosofía/teología de la liberación". *In:* SALAS ASTRAIN, Ricardo (org.). *Pensamiento crítico latinoamericano: Conceptos fundamentales*. Santiago de Chile: Ediciones Universidad Católica Silva Henríquez, vol. I, 2005, p. 429-442.

TIRADO, Víctor Manuel. "Antropología y ontología en 'Escritos menores (1953-1983)' de Xavier Zubiri". *The Xavier Zubiri Review*, 10: 17-34, 2008 (Washington, DC.).

VARGAS ABARZÚA, Esteban. "Abstract"; "Análisis de las últimas obras publicadas por Zubiri". *In: V Congresso Internazionale Xavier Zubiri: Pensare la metafisica nell'orizzonte del XXI secolo*. Bari, Itália: Università Degli Studi di Bari Aldo Moro/Dipartimento di Studi Umanistici, 2019, p. 13.

VERSCHUREN, Piet; DOOREWAARD, Hans. *Designing a research project*. 2a. ed. Haia, Holanda: Eleven International Publishing, 2010.

ZUBIRI, Xavier. *Sobre el problema de la filosofía y otros escritos (1932-1994)*. Madri: Alianza/Fundación Xavier Zubiri, 2002.

2. A relevância teológica da filosofia de Zubiri

*Prof° Dr. Pe. Valeriano dos Santos Costa**

RESUMO: Tanto a filosofia quanto a teologia buscam a verdade. E, nesta busca, historicamente, estes dois saberes têm dado as mãos. Como todo saber é aberto a mais saber e ninguém pode determinar o fim enquanto o último homem existir na história, a teologia precisa da parceria de uma filosofia "de ponta", para que seu logos teológico possa atualizar o homem contemporâneo em Deus e Deus no homem contemporâneo. Não nos resta dúvida de que Zubiri é o filósofo indicado. Conhecendo a história da filosofia e transitando com propriedade na fenomenologia, Zubiri foi mais longe do que qualquer outro pensador. Sua metafísica e noologia são revolucionárias. Portanto, a teologia não pode escolher não mergulhar em Zubiri, se quiser falar ao homem de hoje.

INTRODUÇÃO

Esta pesquisa nasce no grupo de pesquisa "Teologia Litúrgica" da Faculdade de Teologia da PUC-SP, cujo foco neste momento é o projeto de pesquisa "Liturgia e Inteligência Senciente". Portanto, trata-se formalmente da interface teologia e

---

* Pe. Valeriano dos Santos Costa: doutor em Sagrada Liturgia – Pontifício Ateneo Sant'Anselmo (Roma) – Pontifício Istituto Liturgico PIL (1997), professor titular da Faculdade de Teologia Nossa Senhora da Assunção da Pontifícia Universidade Católica de São Paulo, São Paulo-SP, e-mail: pvaleriano@uol.com.br

filosofia. Em outras palavras, nós, teólogos, propomo-nos a conversar com Zubiri, a fim de aprofundar a relevância teológica de sua filosofia. Zubiri é um filósofo com exatidão epistêmica, mas cuja metafísica não tem sua formulação no horizonte europeu da nihilidade.[1] Nesta pesquisa, seguimos a orientação de González, segundo o qual, falando de Zubiri, "só desde sua filosofia madura é possível determinar a sua relevância teológica".[2] E, segundo o mesmo autor, "é um fato aceito por todos que a filosofia de Zubiri foi amadurecendo até sua última obra sobre *a inteligência senciente*".[3] Tirado San Juan[4] confirma esta posição. E aqui o termo "todos" representa, sobretudo, os que acompanharam a trajetória zubiriana. Então, é nesta obra madura que buscamos a relevância teológica da filosofia de Zubiri.

Teologia e filosofia sempre tiveram estreita proximidade, embora o jargão *ancilla Theologiae* não tenha sido proveitoso para nenhuma das duas, como diz Pintor-Ramos.[5] O referido autor faz uma crítica à própria filosofia, que, no seu intercâmbio com a teologia, pode ter falhado "ao introduzir mediações entre ela [a filosofia] e a realidade".[6] Já questionava Zubiri, nos anos vinte do século passado: "Como é possível que afastando-nos da realidade cheguemos a ter um conhecimento mais perfeito dela"?[7] Porém, "a teologia não pode nem deve prescindir da metafísica".[8] Mas não se trata da metafísica tradicionalmente entendida, pois aquela metafísica está em crise desde a segunda metade do século XIX, como afirmam Tejada e Cherubin.[9] Heidegger tenta encontrar solução quando, segundo Gracia, "pensou sempre que o ser não é ente, e que tratar de conceituá-lo com as categorias próprias dos entes é confundir o «ontológico» com o meramente «ôntico», o grande mal da metafísica ao longo dos séculos".[10]

---

1 Cf. GONZÁLEZ, *La novedad teológica de la filosofia de Zubiri*, p. 20.

2 *Ibid.*, p. 4.

3 *Ibid.*, p. 4. Esta obra é uma trilogia, pois é composta de três livros: *Inteligência e realidade* (IRE), *Inteligência e logos* (IL) e *Inteligência e razão* (IRA).

4 Cf. TIRADO SAN JUAN, *Husserl et Zubiri*, p. 40.

5 Cf. PINTOR-RAMOS, *Genesis y formación de la filosofia de Zubiri*, p. 33.

6 *Ibid.*, p. 33.

7 ZUBIRI, *Ensayo de una teoria fenomenológica del juicio*, p. 19.

8 GONZÁLEZ, *La novedad teológica de la filosofia de Zubiri*, p. 20.

9 TEJADA; CHERUBIN. *O que é a inteligência? Filosofia da realidade em Xavier Zubiri*, p. 43.

10 GRACIA, El problema del fundamento, p. 43. Obs.: como há outras obras neste capítulo em que o autor citado aparece como GRACIA, resolvemos unificar para evitar confusões.

Então, é uma questão de diálogo fecundo em que a filosofia oferece recursos para a teologia expressar a fé, tanto no nível da *theologia prima* como da *theologia secunda*, isto é, a teologia rezada e a teologia conceituada. Como diz Zubiri,

> [...] a revelação e a teologia não impõem um sistema filosófico, mas se pode estudar como se vê desde esse sistema o conteúdo do depósito revelado [...]. E, nesse sentido, este labor filosófico não é alheio à teologia, senão que, em princípio, pode fecundar o pensamento teológico em aspectos importantes.[11]

Era preciso, portanto, uma metafísica que desse conta deste diálogo. A nosso ver, a metafísica zubiriana é perfeitamente capaz. Não se trata, portanto, de servidão nem senhorio de nenhum dos dois saberes, pois cada um tem sua episteme própria, mas trata-se tão somente de interface em busca da verdade, naquela interdisciplinaridade, em que as competências são mais que respeitadas; são valorizadas.

2.1. Três temas basilares do pensamento zubiriano

Vamos abordar três temas que abarcam a magnitude inovadora do pensamento zubiriano: inteligência senciente, realidade e atualidade. Estes temas constituem o legado filosófico de Zubiri. Antes, porém convém oferecer alguns dados do nosso filósofo.

Xavier Zubiri Apalátegi nasceu em San Sebastian, País Basco, em 04 de dezembro de 1898, e morreu em Madri, Espanha, em 21 de dezembro de 1983.

O mais importante é que a filosofia de Zubiri supera totalmente um tipo de inteligência que não mantém o pé na realidade e repousa sobre uma racionalidade que voa por sobre os sentidos e olha para estes como meros receptores que entregam o conteúdo do apreendido à inteligência, encerrando aí sua função. A uma inteligência dessa natureza, Zubiri chama de "inteligência concipiente", cujo conhecimento é estritamente conceitual. Portanto, esse conhecimento está inscrito no âmbito do logos e da razão, mas deixa fora os sentimentos. Significa, então, que o logos e a razão neste contexto não são sencientes. E o mais grave é que a intelecção começa no logos, e, por isso, os sentimentos são, de saída, descartados. É o que Zubiri chama de "logificação da inteligência". Em outras

---

11 ZUBIRI, *Reflexões filosóficas sobre alguns problemas de teologia*, p. 12.

palavras, inteligir é meramente dizer o que a coisa é, e isso é logos. A superação deste regime de racionalidade fria e fora da realidade é o que Zubiri chama de "inteligência senciente". Como diz Gracia, "não há razão pura,[12] senão inteligência senciente, e o único mundo é o real, o sensível ou o senciente. Não é possível ir mais além deste limite, que atua ao modo de horizonte que não é possível ultrapassar".[13] Habituamo-nos ao racionalismo. Então, parece que é normal ser assim. Mas isso gera conflitos, pois a vida não funciona assim. Um dos méritos da filosofia de Zubiri é corresponder aos fatos, pois criar sistemas de pensamento não é difícil; o difícil é que eles correspondam realmente aos fatos. E isto já é um valor teológico também.

2.2. Inteligência senciente

Talvez o maior mérito de Zubiri seja ter forjado um conceito de intelecção diferente de tudo o que se tinha até então, isto é, formular um modo de intelecção pautada pela inteligência senciente,[14] enquanto "mera atualização impressiva do real como real".[15] Nos termos "mera atualização impressiva do real como real" já estão delineados os temas que nos propusemos aprofundar.

Antes, porém, convém explicar o termo *senciente*. Todos os seres vivos são sencientes em seu grau próprio de evolução. Significa que são sensíveis ao mundo externo por meio dos receptores que chamamos sentidos, classificados convencionalmente em cinco: visão, audição, tato, olfato e paladar. Então, sentir é o processo que constitui a vida do animal.[16] Consiste em um momento de "suscitação" que altera o "tônus vital" e leva a uma "ação".[17] "O animal tem, a todo momento, um estado de tônus vital. A suscitação modifica este tônus vital"[18] e requer uma

---

12 "[…] obra kantiana mais famosa é a *Crítica da razão pura* (1781). Ali se pretende fundar a possibilidade do conhecimento, tanto em geral como o científico em particular, e fixar seu valor e seus limites." FERRAZ, *Ser humano do século XXI atreve-se a pensar,* p. 121.

13 GRACIA, O poder do real, p. 663-664.

14 Cf. ZUBIRI, *Inteligência e realidade*, p. 137.

15 *Ibid.,* p. 137.

16 Cf. *ibid.*, p. 12.

17 Obs.: "animal" em Zubiri é usado como termo técnico para especificar o *anima* não humano.

18 ZUBIRI, *Inteligência e realidade*, p. 12.

resposta, pois "o animal responde à modificação tônica assim suscitada",[19] e o faz desta maneira porque o processo do sentir é a "apreensão suscitante, em seus momentos de: afecção, alteridade e força de imposição".[20] Em outras palavras, o animal, afetado por algo outro tem de dar uma resposta adequada, como fugir, esconder-se, atacar, etc. Tudo está circunscrito no seu âmbito de estimulidade. Por isso o animal possui apreensão de *estimulidade*. Significa que tem a formalidade estimúlica, que requer como termo simplesmente uma resposta adequada, sendo esta resposta o final do processo.

Já o homem possui a apreensão de *realidade*. "Suspende ao menos sua atitude de apreender impressivamente a estimulação e, sem a negar, faz uma operação que os adultos chamamos *dar-se conta da realidade*".[21] O importante, que é o dar-se conta da realidade, não é o momento primário ou imediato, mas é fundado de modo articulado no momento mesmo de atualidade, opondo-se ao meramente intencional, como diz Solari:

> Se a intelecção, como apreensão de realidade que é, inclui os momentos de estar presente e dar-se conta, os inclui de um modo precisamente articulado. Disso resulta que o primeiro desses momentos, o de atualidade ou estar presente, funda o segundo, o de consciência ou dar-se conta.[22]

E é por isso que "o animal, que se move entre estimulações, não tem jamais apreensão da realidade".[23] O homem, ao contrário, move-se em inteligência senciente, que o leva ao mais profundo da realidade, numa busca infinitamente aberta à realidade. Então, a primária diferença entre o homem e o animal está no modo mesmo de sentir: o animal tem a formalidade de estimulidade na qual os sentidos funcionam como signos de resposta. O homem, ao contrário, tem a formalidade de realidade; é animal de realidades. No animal existe atualidade, mas somente ao fazer parte da própria resposta. Já a atualidade no homem ganha de Zubiri o adjetivo "mera", para frisar que o conteúdo é atual na impressão de realidade, mas

---

19 *Ibid.*, p. 13.

20 *Ibid.*, p. 13.

21 ZUBIRI, *Sobre la realidad*, p. 32.

22 SOLARI, *La raiz de lo sagrado*, p. 123.

23 ZUBIRI, *Sobre la realidad*, p. 34.

"sem referência nenhuma a uma resposta".[24] É o que Zubiri chama de *mera atualidade*, em que "o apreendido está presente e somente está presente".[25]

A abrangência dos sentidos humanos é muito maior que do animal. Os cinco sentidos clássicos não são suficientes para a apreensão humana de todo o real. Mas não nos deteremos na questão de quantos sentidos os animais têm, porque não é nosso tema.

Então Zubiri expande os sentidos humanos a onze, deixando ainda aberta a questão numérica: "visão, audição, olfato, gosto, sensibilidade labiríntica e vestibular, contato-pressão, calor, frio, dor, cinestesia (abrangendo o sentido muscular, tendinoso e articular) e a cenestesia ou sensibilidade visceral".[26] Abarzúa vê grande importância na cinestesia, pois ela dá a possibilidade da razão, isto é, de ir ao mais fundo da realidade:

> Um dos sentidos mais importantes é a Kinestesia (sentido muscular), que apresenta a realidade como 'hacia'. Não é 'hacia' de realidade, mas a realidade como 'hacia'. Este modo de apresentação do real é o que permite que haja razão. A razão nos atualiza o real como algo que nos remete 'hacia' seu fundamento. Sem Kinestesia, sem músculos, curiosamente não haveria razão para Zubiri.[27]

A delimitação aos cinco sentidos seria um tropeção da filosofia por não reconhecer que há diversos modos de apreensão de realidade, uma vez que cada sentido apresenta a realidade de forma diferente.[28]

> A Filosofia [...] pensou, pura e simplesmente que a coisa sentida sempre é algo que está 'diante' de mim. E isso, além de ser uma ingente vagueza, oculta uma grande falsidade, porque estar diante de mim é apenas uma das diferentes maneiras de a coisa real apresentar-se para mim.[29]

A visão apreende a coisa que está diante de mim, segundo o seu *eidos*. Portanto, a coisa está naquilo mesmo que se vê. Já a audição apreende o som, mas "a

---

24 ZUBIRI, *Inteligência e logos*, p. 4.

25 *Ibid.*, p. 4.

26 ZUBIRI, *Inteligência e realidade*, p. 67.

27 ABARZÚA, *Materia y realidad en Xavier Zubiri*, p. 52.

28 Cf. ZUBIRI, *Inteligência e realidade*, p. 67.

29 *Ibid.*, p. 68.

coisa sonora não está incluída na audição, senão que o som nos remete a ela".[30] Essa remissão é o que, de acordo com o significado etimológico, Zubiri chama de *notícia*.[31] No olfato, o cheiro é apresentado em forma de *rastro*. Seguindo tal rastro, se chega à coisa que exala. "No gosto, a coisa está presente como uma realidade possuída, 'de-gustada' [...]. É a própria realidade presente como *fruível*".[32] No tato (contato e pressão), a coisa está presente como nua apresentação da realidade.[33] Na cinestesia, tenho apenas a realidade em formato de "para", isto é, em modo de apresentação direcional.[34] Portanto, a direção faz parte de um sentido em si. Já "o calor e o frio são apresentação primária da realidade como *temperante*".[35] Está aí a índole da temperatura. A dor e o prazer são apreensão da realidade como *afetante*.[36] A sensibilidade labiríntica e vestibular apreende a realidade como *posição*, como algo *centrado*.[37] Na cenestesia, apreendemos nossa própria realidade como sensibilidade interna ou visceral. "Graças a este sentir, o homem está em si mesmo. É o que chamamos intimidade. Intimidade significa pura e simplesmente realidade minha".[38] Este sentido é de um valor inestimável também, porque "os demais sentidos não dão o 'mim' enquanto tal se não estiverem recobertos pela cenestesia".[39] Isso é importante porque "a cenestesia me dá a minha realidade como intimidade, isto é, eu me apreendo como estando em mim. Mas com o recobrimento do 'para', este estar em mim me lança para dentro do meu próprio estar em mim".[40] É justamente a reflexão, constituída unitariamente em seus três momentos: "Apreendo-me a mim mesmo, me volto 'para' mim mesmo e me sinto a mim mesmo como realidade que volta para si mesmo".[41] Poder-se-ia indagar:

---

30 *Ibid.*, p. 68.

31 *Ibid.*, p. 68.

32 *Ibid.*, p. 68.

33 *Ibid.*, p. 68.

34 *Ibid.*, p. 68-69.

35 *Ibid.*, p. 69.

36 *Ibid.*, p. 69.

37 *Ibid.*, p. 69-70.

38 *Ibid.*, p. 70.

39 *Ibid.*, p. 70.

40 *Ibid.*, p. 74.

41 *Ibid.*, p. 75.

reflexão não é sobre as coisas? Sim, mas, como diz Zubiri, "nunca posso estar em mim se não for estando na coisa".[42] E, ademais, seria um erro "pensar que estar em mim consiste em voltar das coisas para mim mesmo".[43] Assim considerado, não há *reditio in seipsum* (a volta para si mesmo, da filosofia medieval) nem *introspecção* (filosofia moderna), pois "não é preciso 'entrar', senão que já se está em mim. E já se está pelo fato de estar sentindo a realidade de qualquer coisa".[44] Então, pelo fato de sentir a realidade, já estou em mim. O importante é que os diversos sentires não constituem uma diversidade primária e nem se dão sucessivamente, mas "funcionam *pro indiviso* no ato de apreender sencientemente qualquer realidade".[45] Os sentidos se recobrem uns aos outros em uma unidade primária, e "esta unidade primária é inteligência senciente".[46]

Desponta a importância dos sentidos para a teologia. Um exemplo é o destaque da audição. O conceito *fides ex auditu* paulino (a fé vem pela escuta, cf. Rom. 17:1) confirma a intelecção como auscultação e concorda com a crítica zubiriana de que a filosofia deu "tal preponderância à apresentação do real em visão, que o que não se vê é declarado *eo ipso* ininteligível".[47] Daí provêm todas aquelas afirmações segundo as quais a fé é um "salto no escuro", como se a fé fosse ininteligível.

Outro erro foi a identificação de inteligência sensível com inteligência senciente. O aforismo *nihil est in intellectu quod prius non fuerit in sensu nisi ipse intellectus* [nada há na inteligência que antes não tenha estado no sentir, à exceção da própria inteligência] procede do dualismo que contrapõe sentir e inteligir, e é radicalmente falso.[48]

É importante frisar que a transcendentalidade é um caráter da formalidade de realidade, e "sendo caráter de uma formalidade, a transcendentalidade não significa ser transcendental *à* realidade, mas ser transcendental *na* realidade".[49]

---

42 *Ibid.*, p. 113.

43 *Ibid.*, p. 113.

44 *Ibid.*, p. 114.

45 *Ibid.*, p. 77.

46 *Ibid.*, p. 78.

47 *Ibid.*, p. 71.

48 *Ibid.*, p. 71.

49 *Ibid.*, p. 82.

É comunicação e extensão, em vez de comunidade de realidades para além da apreensão. "É algo assim como uma gota de óleo que se estende desde si mesma, desde o óleo mesmo."[50] A transcendentalidade tem quatro momentos constitutivos:

a) A abertura: "a formalidade de realidade é em si mesma, enquanto 'de realidade', algo aberto";[51]

b) Respectividade: "É a própria realidade, é a formalidade de realidade, aquela que enquanto realidade é formalmente *abertura respectiva*";[52]

c) Suidade: "O conteúdo é 'seu' conteúdo. O sujeito gramatical deste 'seu' é a formalidade de realidade";[53]

d) Mundanidade: o conteúdo é simplesmente real na realidade.

Então, "sentimos a abertura, sentimos a respectividade, sentimos a suidade, sentimos a mundanidade. É o completo sentir em formalidade de realidade. O sentir mesmo é então transcendental".[54] O "conteúdo, enquanto apreendido como algo 'de suyo' já não é mero conteúdo, mas é tal realidade".[55] É o que Zubiri chama de talidade. E "talidade tem função transcendental".[56] Alerta o autor basco que "nenhuma estrutura concernente à realidade enquanto tal está montada sobre si mesma, senão que é pura e simplesmente a função transcendental que tem justamente as dimensões talitativas da realidade".[57] Então, a expressão "*de suyo*" em Zubiri é radicalmente importante. O "*de suyo*" pertence à coisa percebida (apreendida) e não à percepção. Antes de ser percebida, já era "*de suyo*". É um *prius* da realidade. "'De suyo' é um momento formal e radical da realidade de algo".[58]

Tanto para o homem como para o animal o sentir é fundamental. Mas para o homem a realidade é sentida tanto quanto inteligida. A separação entre sentir e inteligir orbitou em torno da inteligência concipiente, isto é, inteligência fundada

---

50 *Ibid.*, p. 82.

51 *Ibid.*, p. 83.

52 *Ibid.*, p. 84.

53 *Ibid.*, p. 84.

54 *Ibid.*, p. 86.

55 *Ibid.*, p. 87.

56 *Ibid.*, p. 93.

57 ZUBIRI, *Estructura dinámica de la realidad*, p. 184.

58 ZUBIRI, *Inteligência e realidade*, p. 140.

em conceitos que repousavam sobre si mesmos e não na realidade. Por isso, os conceitos na inteligência senciente são *toto coelo* diferentes dos da inteligência concipiente.

Na busca de entender a relevância teológica da filosofia de Zubiri, chegamos num momento fundamental, ao que nos arriscamos a dizer que é igualmente fundamental para a teologia: atualização e coatualização.

2.3. Atualização e coatualização

Na trilogia sobre a *Inteligência Senciente*, o conceito de atualidade é muito recorrente e consolidado. É um conceito que determina o alcance da filosofia de Zubiri e joga um papel central na reflexão sobre os problemas teológicos. González, depois de referir-se à Eucaristia, estende a importância do conceito de atualidade à reflexão dos outros problemas teológicos. Falando de Zubiri, diz:

> O conceito de atualidade, cada vez mais presente em sua obra, haverá de desempenhar provavelmente um papel central na hora de repensar, desde a filosofia última de Zubiri, suas reflexões sobre outros problemas teológicos.[59]

Um dos elementos mais importantes da atualização é a atualidade comum da coisa e da intelecção. "Ao atualizar-se a coisa na intelecção senciente [...] fica atualizada a realidade na própria intelecção, isto é, a intelecção fica 'coatualizada' na própria atualidade da coisa [...]. A atualidade comum do inteligido e da intelecção tem, antes de tudo, esse caráter de 'com'",[60] isto é, o caráter de atualização comum. Por isso, "tão presente a coisa *na* inteligência, está a inteligência *na* coisa".[61] Então, "a atualidade comum tem caráter de 'com' e caráter de 'em'".[62] Por estar na coisa, também tem caráter de "em", mas "em razão disso, a atualidade comum é atualidade *da* coisa, e a coisa é atualidade da intelecção. Justamente pelo que foi dito, tanto a coisa como a intelecção são atualizadas, isto é, coatualizadas. É um mesmo 'de', o 'de' da coisa e o 'de' de minha atualização. A atualidade comum tem

---

59 GONZÁLES, *La novedad teológica de la filosofia de Zubiri*, p. 5.

60 ZUBIRI, *Inteligência e realidade*, p. 114-115.

61 *Ibid.*, p. 115.

62 *Ibid.*, p. 114-115.

um caráter de 'de'".[63] Neste terceiro caráter é que se dá a consciência-de, ou seja, o dar-se conta de.

E aqui tem algo de suma importância também para a teologia. A consciência não é imediata, mas um dar-se conta que se funda no "em" da atualidade comum, que por sua vez é fundado no "com".[64] Para Zubiri, a filosofia moderna tratou a inteligência como um modo de consciência. Parece um rígido argumentar, mas vejamos como são os fatos: como alguém pode dar-se conta de Deus, se não está em Deus e se não está com Deus? Isso é inteligência senciente. Quando a liturgia profere a monição: *o Senhor esteja convosco*, não está mergulhando no primeiro caráter da atualidade comum de Deus e do homem? Quando Deus se atualiza na inteligência do homem, tanto Deus quanto a intelecção humana são coatualizados. A fé, do ponto de vista da inteligência senciente, ou seja, da coatualização, justifica uma "convivência" e não simplesmente uma relação entre Deus e o homem. Por isso, "a relação divina, neste sentido, é algo que está inscrito 'na convivência de Cristo com os homens'".[65]

Nosso estar em Deus e Deus estar em nós é simultâneo no ponto de vista da atualização em inteligência senciente. Estamos fartos de chamar isso de relação. Mas relação supõe uma ponte entre duas realidades exteriores. Se retomarmos os passos que foram dados no contexto da atualização comum da coisa e da intelecção senciente, isso se fez no "com", no "em" e no "de". Sendo a consciência "um dar-se-conta de", como se pode falar de consciência como um dado imediato? Para começar, não existe consciência, mas atos conscientes. Se na atualidade de culturas ditas cristãs não se dá conta de Deus como realidade viva e atuante é porque Deus não está sendo atualizado na intelecção humana e a intelecção não está sendo atualizada em Deus. Sem essa coatualização não pode haver consciência de Deus. Em todos os lugares onde a fé propagou-se, esse processo de atualização foi realizado. Se hoje o apelo a que somos expostos diariamente não é uma atualização de Deus em nossa intelecção e nem de nossa intelecção em Deus, mas é uma atualização de consumo ou de qualquer outra realidade, é evidente que Deus não é a realidade em que estejamos retidos como nos primórdios ou nos momentos

---

63 *Ibid.*, p. 115.

64 *Ibid.*, p. 115.

65 GONZÁLEZ, *La novedad teológica de la filosofia de Zubiri*, p. 28.

em que a fé estava atualizada. Com certeza, o catolicismo precisa prestar mais atenção na necessária atualização da fé. O que não é atualizado desvanece como realidade. E este desvanecer é um dado da própria realidade.

Não há como negar que a Igreja católica hodierna no Brasil está passando por uma sangria com a perda de católicos nas pesquisas de opinião pública. Os católicos eram a maioria há algumas décadas (90%). Dos anos 1970 para cá, a queda tem sido vertiginosa, como confirma a última pesquisa, publicada em 13 de janeiro de 2020, pelo Instituto Datafolha.[66] Diante de tudo que foi dito até agora, também não há como negar que isso é um problema de atualização da fé como realidade. Mas o que é realidade em Zubiri?

2.4. REALIDADE

Temos aí algo fundamental da filosofia de Zubiri: a realidade. Para Millás, a realidade em Zubiri constitui um enigma: "Zubiri analisou o fato do 'mais', o fato de que o momento de realidade na coisa excede a realidade da coisa e é ao mesmo tempo momento constitutivo do poder do real".[67] Realidade é o que apreendemos da coisa real em três modos: o modo primário e radical, o modo em logos e o modo em razão. O modo primário e radical é aquele em que apreendemos a realidade da coisa *direta, imediata* e *unitariamente*. Com isso, Zubiri afirma que temos acesso às coisas enquanto coisas. Isso contradiz, segundo Sancho, o que Nietsche dizia, que "não temos mais do que 'metáforas das coisas', por conseguinte, perspectivas que lhes são estranhas e inadequadas".[68] Ao contrário, apreendemos sim a coisa. Apreendemo-la diretamente porque não há nenhuma distância intelectiva entre apreensor e a coisa real; apreendemo-la imediatamente porque não há nenhuma mediação; apreendemo-la unitariamente porque a coisa real se dá como um todo, mas de forma compacta. É a "compacção" da apreensão primordial de realidade. Tudo está aí, mas de forma compacta. E a própria realidade assim apreendida nos impele ao campo de realidade e à razão em desdobramento ulterior. Para nossa argumentação,

---

66 "Evangélicos são 31% da população brasileira, diz Datafolha". *JM Notícia*, 13 jan. 2020. Disponível em: https://www.jmnoticia.com.br/2020/01/13/evangelicos-sao-31-da-populacao-brasileira-diz--datafolha/. Acesso em: 03 fev. 2020.

67 MILLÁS, *La realidad de Dios*, p. 107.

68 SANCHO, *El poder de la mentira*, p. 57.

não desenvolvemos tanto a modalidade da apreensão em razão, detendo-nos mais no logos, o suficiente para mostrar a relevância teológica da filosofia de Zubiri.

É importante frisar que a realidade é "física" porque não é uma ideia ou um mero conceito descolado da realidade. É assim porque o conceito físico não surge de uma especulação lógica, mas já está de forma compacta na apreensão primordial que se faz por impressão de realidade.

> A realidade não são simplesmente conceitos, não tem lógica, não são juízos *a priori* ou a *posteriori*, não é representação, nem consciência e nem compreensão; é a experiência radical definitivamente, não subjetivista, é impressão de realidade.[69]

Não é diferente do que Gonzáles afirma: "Mais radical que o logos dos entes, mais radical do que toda a compreensão do ser, está a 'impressão de realidade'. Este é o ponto de partida radical das reflexões de Zubiri".[70]

Então, o conceito está na impressão de realidade, "é o momento do sentir".[71] Portanto, o conceito é físico, porque é real, é sentido, e isso distingue a filosofia de Zubiri de toda a filosofia que o antecedeu. O logos também é apreendido primordialmente, mas de forma compacta. O fato de desconhecer a gênese real do logos gerou, como já dissemos, o que Zubiri chama de "logificação da inteligência", o que estabeleceu um logos independente da realidade, resultando em separação teoria e práxis, teologia e realidade, liturgia e vida.

A apreensão primordial de realidade, por ser *direta, imediata e unitária*, não constitui nenhum movimento intelectivo; é meramente um dado intelectivo que se faz sencientemente, ou seja, se dá pelos sentidos em impressão de realidade. Porém, a apreensão primordial se desdobra, e seus desdobramentos não podem ser separados do primordialmente apreendido. A apreensão é um movimento. E não se trata de movimento espacial, mas de movimento intelectivo, distanciamento intelectual. É a conexão do estar junto, estar em direção, estar distante[72] intelectualmente. É uma atualização diferencial.

---

69 TEJADA; QUERUBIN. *O que é a inteligência? Filosofia da realidade em Xavier Zubiri*, p. 43.

70 GONZÁLEZ, *La novedad teológica de la filosofia de Zubiri*, p. 19.

71 ZUBIRI, *Inteligência e realidade*, p. 50.

72 Cf. ZUBIRI, *Acerca del mundo*, p. 52.

2.5. Atualização diferencial

O primeiro movimento é a impelência ao campo de realidade, que também não é um campo espacial, mas um campo intelectual onde se aloja toda a física realidade apreendida primordialmente. "Realidade é a física dimensão campal das coisas reais."[73]

Assim como na apreensão primordial de realidade, tudo está aí, mas de forma compacta, também a formalidade de realidade e o seu conteúdo estão em forma compacta. Porém, na realidade campal ocorre uma atualização que é "atualização diferencial".

> Na atualização diferencial do real, o momento de formalidade da realidade campal é formalmente diferente do momento do conteúdo; no entanto, aquela formalidade é sempre realidade física: uma mesma formalidade de realidade pode alojar diferentes conteúdos, não só simultaneamente, mas também sucessivamente. Assim, se a cor desta pedra muda, o conteúdo desta apreensão variou, mas seu momento de realidade conservou-se numericamente idêntico.[74]

É uma reapresentação, fazendo "que o inteligido esteja presente".[75]

> Intelecção é fazer 'estar presente' enquanto 'estar'. Portanto, o que a segunda intelecção faz, Por ser reatualização, é determinar outro modo de apresentação. De que? Da mesma coisa real. É a re-atualização.[76]

Aqui está um eixo na noologia zubiriana. Zubiri, como se fosse um cientista nuclear, distinguiu na realidade dois momentos diferentes, mas não independentes: a formalidade e o conteúdo. A formalidade é a forma própria que "o outro" (a nota) tem de estar presente como autônomo, isto é, de ficar na impressão de realidade sem se confundir com ela. Significa que aquela nota (uma cor, um som, etc.) é autonomizada em relação à impressão na qual fica.[77] E formalidade, para Zubiri, não é "um conceito metafísico como na Idade Média, mas algo absolutamente

---

73 ZUBIRI, *Inteligência e logos*, p. 68.

74 *Ibid.*, p. 100.

75 ZUBIRI, *Inteligência e razão*, p. 264.

76 *Ibid.*, p. 264.

77 Cf. ZUBIRI, *Inteligência e realidade*, p. 17.

diferente, [...] um momento senciente de caráter descritivo".[78] Enquanto a formalidade tem uma única forma de ficar, o conteúdo não é assim: "um mesmo conteúdo tem diferentes formas de ficar, diferentes formas de independência, diferentes formas de autonomia".[79] Por isso, o caráter de autonomia não é idêntico ao conteúdo. Graças a isso é que a realidade primordialmente apreendida requer simples apreensões, ou apreensões em movimento, nas quais os conteúdos são "desrealizados" para serem realizados como "seriam" esses conteúdos na realidade. É um passo fundamental para o conhecimento.

Por causa da formalidade, a realidade é sempre "mais" que o conteúdo, porque justamente o "momento do mais é a realidade".[80] Isso é o que Millás chamou de *enigma*, como vimos. Vai-se ao campo de realidade por impelência. Aí há um distanciamento suspensivo da coisa real naquilo que ela é, *para* o que essa coisa "seria" em realidade. Nesse momento, a coisa fica desrealizada e seu objeto é irreal. Por isso, é expresso no "seria".

> Nestas condições: 1º o 'mais' fica atualizado nos conceitos, nas simples apreensões, e 2º estes conceitos ficam então *realizados* como conteúdo do 'mais'. A unidade destes dois momentos é o objeto irreal expresso no 'seria'.[81]

Ao se tornarem "princípio de intelecção" de outras realidades, a física realidade do campo suspende também o conteúdo, mas não a formalidade. Por outro lado, a realidade impelente também é "desrealizada" em seu conteúdo, mas nunca em sua formalidade. Aí, então, fica-se livre para criar um conteúdo novo. Portanto, formalidade é sempre a mesma em todas as coisas, o que é diferente são os conteúdos. A formalidade de um pássaro e de um centauro é a mesma; os conteúdos é que são diferentes. E na apreensão primordial de um pássaro ou de um centauro, essa coisa apreendida primordialmente nos retém e nos impele em direção a outras realidades campais que funcionam como princípio de intelecção da coisa impelente, até que possamos afirmar, ou seja, até que estejamos firmes para dizer: esta coisa é em realidade um pássaro ou um centauro.

---

78 *Ibid.*, p. 17.

79 *Ibid.*, p. 17.

80 ZUBIRI, *Inteligência e logos*, p. 101.

81 *Ibid.*, p. 100.

E por que isso acontece? Porque toda realidade apreendida primordialmente nos retém e nos mantém no real. Por isso, diz Zubiri:"que o fato de nos movermos na realidade é algo dado imutavelmente pelos sentidos".[82] Ainda, afirma o filósofo: "o homem, em virtude da sensibilidade, se encontra imerso na realidade".[83] Sim, "estamos possuídos pela realidade",[84] e, nessa possessão retinente, somos impelidos ao campo de realidade em direção a uma ou mais realidades que sejam *princípio de intelecção* da coisa impelente. Portanto, essas realidades deixam de ser consideradas em seu conteúdo e passam meramente a ser princípio de intelecção de outras realidades. Há, portanto, um momento em que é possível distinguir a realidade como formalidade e distinguir seu conteúdo. Feito isso, a realidade apreendida num centauro é a mesma que numa pedra.[85] "O que não é o mesmo é o conteúdo."[86] Isso porque "o caráter de realidade é uma mera formalidade".[87] Estabelecer a diferença de conteúdo entre uma pedra e um centauro é a capacidade humana que chamamos de simples apreensões. Só o homem pode fazê-lo.

Mas isto não seria possível sem a apreensão primordial da realidade, que nos possibilita a "atualização de algo como conteúdo da realidade".[88] É "uma realização em 'seria', é uma realização constitutivamente livre".[89] Esse momento de liberdade constituído por uma realização constitutivamente livre é a capacidade humana de "criar". Por isso, só o homem é capaz de romancear e poetizar. Só ele pode fazer do deserto um vergel. Só ele pode fazer liturgia. Pode cantar a própria liberdade, porque só ele pode apreender a realidade em "seria", que é o mesmo de apreender o que são as coisas em realidade. É uma grande elaboração criativa. Mas isso não é arbitrário. Não é "uma intelecção vazia, vã, mas é uma intelecção em que, à medida que se atualiza o âmbito, se vão elaborando nele uma ou várias simples apreensões".[90] É assim a desrealização que ocorre em simples apreensões e

---

82 ZUBIRI, *Sobre la realidad*, p. 24.

83 *Ibid.*, p. 25.

84 ZUBIRI, *Inteligência e razão*, p. 70.

85 ZUBIRI, *Inteligência e logos*, p. 68.

86 *Ibid.*, p. 68.

87 ZUBIRI, *Sobre la realidad*, p. 27.

88 ZUBIRI, *Inteligência e logos*, p. 69.

89 *Ibid.*, p. 69.

90 *Ibid.*, p. 68.

deixa intacta a formalidade, suspendendo somente o conteúdo. O "é" da apreensão primordial impele a um "seria" da simples apreensão.

A expressão *simples apreensão* tem uma diferença essencial da impressão primordial de realidade. Esta apreensão é muito completa na unidade de seus momentos de afecção, alteridade e força de imposição. A *simples apreensão* limita-se ao momento de alteridade,

> [...] porque, na simples apreensão, 'simples' significa classicamente que ainda não se afirma a realidade do apreendido, ficando o apreendido reduzido a mera alteridade. Na simples apreensão teríamos a alteridade como algo que repousa sobre si mesmo sem se inscrever dentro da afecção e da força de imposição de realidade (ZUBIRI, *Inteligência e realidade*, p. 42).

As simples apreensões não são fáceis, mas exigem um labor significativo. Exigem um recolhimento intelectivo que deixe em suspense o que essa coisa é em realidade. Esta suspensão é um movimento próprio, um esforço que Zubiri chama de *retração*.[91] Na palavra "esforço" está todo o sentido do labor das simples apreensões.

2.6. O LABOR DAS SIMPLES APREENSÕES

Vimos a importância e a gratuidade da apreensão primordial para o acolhimento da realidade. Aí tudo nos é dado de mão beijada. Mas aí mesmo nos é imposto um duro labor, que é o conhecimento em desdobramento da infinita riqueza que compactamente a impressão primordial nos dá. Se temos num mesmo dia um conjunto inumerável de apreensões primordiais, por isso mesmo temos que nos lançar obrigatoriamente ao duro labor das simples apreensões ao longo da vida. É uma determinação do logos imposta pela própria coisa real apreendida como real: é a evidência. Tudo o que apreendemos primordialmente é uma espécie de "vidência". Este termo não tem nenhuma conotação de juízo, pois vidência é algo simplesmente dado. Já "evidência nunca é algo imediatamente dado";[92] "é sempre e somente algo mediado e, portanto, obtido". A coisa real tem dois momentos constitutivos da sua atualidade intelectiva: "o momento individual

---

91 *Ibid.*, p. 61.

92 *Ibid.*, p. 175.

50 | **Prof° Dr. Pe. Valeriano dos Santos Costa**

e o momento campal".[93] É importante saber que "esta dualidade não concerne somente ao movimento em que o logos consiste, mas também, e sobretudo, à coisa real mesma enquanto atualizada: intelige-se a coisa mesma como uma dualidade momentual".[94] É um momento físico da coisa real, que nos obriga ao movimento da realização do que a coisa é em realidade. "Exigência é uma modulação da força impositiva da impressão de realidade."[95] Então, "é um modo de captar o que as coisas são em realidade".[96] Significa que a coisa mesma enquanto atualizada traz em seu bojo uma vacuidade positiva e constitutivamente exigencial que obriga o homem ao duro labor de, em simples apreensões, realizar o que as coisas são em realidade. Preencher a vacuidade entre a apreensão do real e a simples apreensão em realidade "consiste justamente em superar a dualidade; portanto, em que o que a coisa 'seria' fique determinada pela coisa que 'é': é a determinação da realização".[97]

O Criador não nos criou para apenas ter impressões primordiais de realidade, que são por natureza neutras, mas também para o labor das simples apreensões que nos dão a evidência do que a coisa real é em realidade. A evidência é o conteúdo do juízo. Por isso, "a evidência é o princípio determinante da intelecção mediada".[98] A apreensão primordial é soberana, mas é insuficiente para o conhecimento. Por aqui já começamos a perceber que conhecimento para Zubiri é um desdobramento ulterior. Tanto o logos como a razão se fundam na atualização primordial:

> A coisa real apreendida em apreensão primordial nunca é evidente: é mais do que evidente. Na apreensão primordial o pura e simplesmente real é ou não é atualizado na intelecção, e nada mais. A apreensão primordial não é e nem necessita ser determinada por nada. A apreensão primordial é a própria atualização do real. Não é determinação, mas atualização. E atualização é sempre mais do que determinação, porque a determinação se funda na atualização e desta recebe toda a sua força.[99]

---

93 *Ibid.*, p. 164.

94 *Ibid.*, p. 164.

95 *Ibid.*, p. 168.

96 *Ibid.*, p. 171.

97 *Ibid.*, p. 165.

98 *Ibid.*, p. 171.

99 *Ibid.*, p. 171.

Fundada na atualização, a determinação recebe aí sua força para que as simples apreensões evidenciem o que a coisa aprendida primordialmente é em realidade (logos) e na realidade (razão). "A evidência, portanto, é algo obtido, dinâmico, constituinte e exato".[100] Então, o logos é senciente, porque a impressão se dá nos e pelos sentidos. "É a própria impressão de realidade que necessita do logos",[101] e necessita do logos porque necessita intrinsecamente do ato de afirmar.

Então, não é possível acumular impressões primordiais de realidade sem se deixar levar pelo trabalho árduo de tatear pelas simples apreensões o que a coisa apreendida primordialmente é em realidade. Isso é essencial no homem. Ser imagem e semelhante de Deus não nos faz deuses, mas nos obriga ao tenteio das simples apreensões para saber o que a coisa apreendida em apreensão primordial é em realidade.

Pensemos na realidade cristã, que tem como coisa real o Cristo. Ele se dá em apreensão primordial e nos impele para "a" realidade campal em retração desrealizadora e, ao mesmo tempo, nos retém tensos nessa realidade "num movimento reversivo que nos leva assim, e com discernimento, a inteligir o que esta coisa (Cristo) efetivamente 'é' em realidade".[102] Temos de admitir que a teologia precisava de uma estrutura filosófica como a de Zubiri para descrever o que é "ser em Cristo nova criatura", mas uma criatura livre. Sequer somos manipulados. Cristo não aceita seguidores que não sejam livres.

Se Cristo, ao se dar em apreensão primordial de realidade, não nos impelisse para a realidade campal, onde o primordialmente apreendido é distanciado em retração desrealizadora (libertadora) para livremente reverter-se à coisa real com discernimento, o cristianismo não seria estruturalmente uma realidade libertadora. A Cristo não interessam seguidores que não tenham aquele discernimento que só a liberdade pode proporcionar. E o que é magnífico na noologia zubiriana é mostrar que na inteligência senciente o conhecimento está estruturalmente estabelecido para ser um ato livre. Aqui está o grande diferencial de Cristo e os outros libertadores messiânicos que já apareceram na história. E história, para Zubiri, como diz Cavero, é o

---

100 *Ibid.*, p. 179.

101 *Ibid.*, p. 33.

102 *Ibid.*, p. 81.

> [...] processo em que uns homens vão transmitindo aos outros aquilo que são e sabem, quer dizer, suas mais profundas possiblidades de vida pessoal em um caminho que os vincula uns com os outros e abre a todos o futuro de sua própria identidade.[103]

Isso é teologicamente perfeito. Ao serem encontrados por Cristo e possuídos pela sua realidade, os homens vão deixando para os outros uma proposta vinculante de caminho de vida que os *Atos dos Apóstolos* expressaram com muita propriedade. Portanto, estar em Cristo é uma questão fundamental. Teologicamente, podemos equacionar a questão assim: como posso estar na realidade cristã (realidade apreendida), se não estou em Cristo (coisa real)? O apóstolo diz: "Se alguém está em Cristo, é uma nova criatura. Passaram-se as coisas antigas, eis que se faz realidade nova" (2 Cor. 5:17). Por isso, podemos dizer dos cristãos aquilo que Cavero diz dos homens: "Os homens são história, que dizer, aquilo que se dão uns aos outros, transmitindo-se a vida especificamente humana".[104]

As coisas antigas seriam os ídolos; eles eram coisas reais. Deles se apreendiam realidades que agora são consideradas antigas. Justamente a realidade nova é apreensão de uma coisa real nova: Cristo. Enquanto o fiel estiver em Cristo, haverá intelecção cristã, isso é, atualização em apreensão de realidade cristã. Dessa forma, coisa real e realidade, embora sejam momentos diferentes, não são independentes. Uma não existe sem a outra. Daí podemos indagar: por que a realidade cristã está em crise? Porque Cristo deixou de ser a coisa real na vida de muitos supostos cristãos. O consumo ocupou o lugar de Cristo, e a realidade cristã esmaeceu. O físico interesse dessas pessoas não está em Cristo, mas talvez nos produtos que desejam comprar ou em outros interesses quaisquer.

Na cultura ocidental, o ato de afirmar parece ter um volume que não corresponde aos fatos. É como se afirmar fosse acrescentar algo à realidade. Isso é falso, "pois afirmação não acrescenta nada, mas de certo modo subtrai",[105] porque afirmar "é 'menos', muito 'menos' que apreensão primordial de realidade";[106] "é um modo deficitário (por ser fundado) de estar intelectivamente no que já se

---

103 CAVERO, *Salvar la historia*, p. 16.

104 *Ibid.*, p. 16.

105 ZUBIRI, Inteligência e logos, p. 89.

106 *Ibid.*, p. 89.

intelige como real. É um modo distendido do já estar no real. E uma modalização da apreensão primordial".[107] Então, afirma-se em realidade uma coisa que já é realidade apreendida primordialmente. Portanto, já se está na realidade. E esse estar na realidade é muito mais do que afirmar. O afirmar é em si um ato redutivo, porque a realidade primordial é muito mais do que todos os atos afirmativos. Teologicamente, tudo o que afirmamos de Deus é muito menos do que ele é. "Em primeiro lugar, afirmar é estar intelectivamente no real, inteligi-lo formal e precisamente como real",[108] e isso já está na intelecção primordial de realidade. Como dissemos, afirmar é "a modalização da apreensão primordial em intelecção afirmativa".[109] Por isso, é uma redução, necessária, mas redução; é desdobramento, retração, distensão. "Consiste em estarmos firmes na realidade e inteligirmos se esta realidade é 'assim' em realidade."[110] Então, por que necessito afirmar? Porque estando retido no real pelo real mesmo, fui impelido ao real campal, e este é inteligido reversivamente em distância. Não há como não afirmar nesse movimento de intelecção. "Não é tanto que eu 'afirmo o real', mas antes ao contrário: 'afirma-se o real' em minha intelecção."[111] Afirmar é "um movimento imposto à inteligência pelo distanciamento do real em atualização diferencial. Sou realmente levado pelo real a afirmar.[112] Mas é preciso admitir que "o afirmar enquanto tal é uma forma reduzida de intelecção, uma redução e uma modalização dessa forma radical e primária de intelecção que é a apreensão primordial de realidade".[113] Então, "afirmar não é uma função autônoma da inteligência, mas uma modalização da função intelectiva enquanto tal [...] é tão somente uma modalização da intelecção de realidade em que já estamos submersos na apreensão primordial".[114]

---

107 *Ibid.*, p. 89.

108 *Ibid.*, p. 91.

109 *Ibid.*, p. 93.

110 *Ibid.*, p. 90.

111 *Ibid.*, p. 91.

112 *Ibid.*, p. 91.

113 *Ibid.*, p. 90.

114 *Ibid.*, p. 93.

2.7. A VERDADE

Não temos muito espaço para aprofundar a verdade real, que, segundo Pintor-Ramos, é o segundo pilar da metafísica zubiriana.[115] A realidade é o apreendido do real na intelecção, e a "verdade é sempre e somente a atualização intelectual do real".[116] O apreendido primordialmente constitui a verdade real ou a verdade simples. Nele tudo está contido, mas de forma compacta. Daí sua exigência de desdobramento, e a verdade dessa atualização intelectual é a verdade dual porque é feita entre realidades. Dessa forma, "a intelecção do real 'entre' outras realidades é por sua própria estrutura um dinamismo de aproximação da verdade real".[117] Então, a verdade "é um gigantesco movimento intelectivo para o que o 'real' é 'em realidade' num enfoque direcional, esquemático e gradual. Não só cada verdade dual, mas também 'a' verdade dual é aproximação da verdade real".[118]

É preciso dar um grande passo com Zubiri. Pela influência helênica, o Novo Testamento identifica Cristo como o Logos do Pai. Mas o logos não é primário; é desdobramento da apreensão primordial. Para Zubiri, Cristo é a verdade real do Pai.[119] Portanto, é apreendido primordialmente em impressão de realidade. E temos a vida inteira para aproximar as verdades que apreendemos em simples apreensões daquela verdade que sentimos primordialmente: a Verdade real. Esse é o labor de uma vida de fé e dedicação ao Mistério Pascal. A vida cristã é uma vida nova e cheia de perspectivas, mas não é uma vida fácil; é laboriosamente comprometida com a verdade real.

A verdade real supõe uma inteligência que esteja obrigada a desdobrá-la em apreensões ulteriores em distância e em direção do seria (logos) e do poderia ser (razão). É a inteligência humana, que nunca intelige o real exaustivamente em e por si mesmo. "Para uma inteligência que inteligisse o real em e por si mesmo exaustivamente, não haveria afirmações nem mundo intelectivo",[120] seria uma inteligência divina. Mas "o homem existe já como pessoa, no sentido de ser um ente

---

115 Cf. PINTOR-RAMOS, *Nudos de la filosofia de Zubiri*, p. 226.

116 ZUBIRI, *Inteligência e logos*, p. 259.

117 *Ibid.*, p. 257.

118 *Ibid.*, p. 257-258.

119 Cf. GONZÁLEZ, *La novedad teológica de la filosofia de Zubiri*, p. 25.

120 ZUBIRI, *Inteligência e logos*, p. 289.

cuja entidade consiste em ter que realizar-se como pessoa, ter que elaborar sua personalidade na vida".[121] Aí está a grandeza e a pequenez da inteligência humana: intelige primordialmente tudo, mas de forma compacta. Por isso, é impelida "exigencialmente" ao penoso e árduo labor de inteligir em desdobramentos ulteriores sem nunca dar por encerrada essa tarefa, pois a abertura transcendental da realidade não se dará por encerrada enquanto o último homem existir no mundo. Mesmo a atitude de Cristo como Messias não teve a intenção de fazer dos homens criaturas espetaculares, mas ajudá-los a fazer da vida um labor em busca de um conhecimento fatigoso. Nesse sentido, como o povo de Israel estava mais ou menos aclimatado à ideia de milagre, Cristo não fez milagres como prova de sua divindade, mas pura e simplesmente como sinais da sua missão.[122] Por isso, "nunca quis que o milagre fosse uma esplendida teofania que deixasse os homens estupefatos"[123] e propensos a abandonar as simples apreensões como tarefa árdua de cada dia.

2.8. Considerações finais

De tudo o que expusemos neste capítulo, podemos dizer que a relevância teológica da filosofia de Zubiri é inconteste. A inteligência senciente coloca a reflexão teológica há mil anos-luz de uma reflexão fundada na inteligência concipiente. Um Deus que não se sente é um "Deus morto". Mas também um Deus que não se intelige não é um Deus vivo. É apenas um regurgitar de sentimentos sem proporção. Puro fenômeno humano. Mas o Deus de nossa fé é um Deus abrâamico, que obriga seus seguidores a percorrer grandes distâncias até perceber que estas distâncias são interiores, pois é aí que tomamos distância para revertermos ao que esse Deus é em realidade. Por que Zubiri é tão importante para a teologia hoje? Porque, realmente, no âmbito da inteligência concipiente, é muito difícil aprofundar dinamicamente a teologia e lidar liturgicamente com o sentimento.

A inteligência senciente, como mera atualização impressiva do real enquanto real, explica por que o que não é atualizado deixa de ser realidade no coração e na mente, pois a coisa aprendida em apreensão primordial e não atualizada

---

121 ZUBIRI, *Naturaleza, história, Dios*, p. 427.

122 Cf. ZUBIRI, *Sobre la religión*, p. 183.

123 ZUBIRI, *Sobre la religión*, p. 183.

em simples apreensões esmaece até cair do campo de realidade. Mas é possível isso? Sim. O que não é possível é rejeitar o campo de realidade. A ele vamos por impelência, somos empurrados. Porém, o campo de realidade já é domínio da liberdade. Os que não se declaram mais católicos, com certeza estão retidos em outras realidades. O cristianismo não nasceu como fenômeno espontâneo, mas foi plantado como nova realidade, uma parábola de semeadura (Mt. 13:1-9, Mc. 4:3-9 e Lc. 8:4-8).

Referências bibliográficas

ABARZÚA, Esteban Vargas. *Materia y realidad en Xavier Zubiri*. Valparaiso: Ediciónes Universitarias, 2017.

CAVERO, José Manuel Castro. *Salvar la historia: Historia, religión y religiones en Xavier Zubiri*. Zamora: Monte Cassino, 2004.

FERRAZ, Antonio. *Ser humano do século XXI atreve-se a pensar*. Granada: Comares, 2013.

GONZÁLEZ, Antonio. *La novedad teológica de la filosofia de Zubiri*. Madri: Fundação Xavier Zubiri, 1993.

GRACIA, Diego. *El poder de lo real: Leyendo a Zubiri*. Madri: Fundación Xavier Zubiri/Triacastel, 2017.

GRACIA, Diego Guillén. "El problema del fundamento". *In*: NICOLÁS, Juan Antonio; ESPINOZA, Ricardo (orgs.). *Zubiri ante Heidegger*. Barcelona: Herder, 2008, p. 33-79.

MANERO, Manuel Mundán. "Era independiente de Ortega". *In*: COROMINAS, Jordi; VINCENS, Juan Albert (orgs.). *Conversaciones sobre Xavier Zubiri*. Madri: PPC, 2008, p. 34-77.

MILLÁS, José M. *La realidad de Dios: Su justificación y sentido en Xavier Zubiri y Javier Monserrat*. Roma/Madri: E.P.U.G./Comillás, 2004.

NICOLÁS, Juan Antonio; SPINOZA, Ricardo (orgs.). *Zubiri ante Heidegger*. Barcelona: Herder, 2008.

PINTOR-RAMOS, Antonio. *Nudos de la filosofia de Zubiri*. Salamanca: Universidad Pontificia, 2006.

PINTOR-RAMOS, Antonio. *Genesis y formación de la filosofia de Zubiri.* Salamanca: Universidad Pontificia, 1996.

SANCHO, Jesus Comill. "Zubiri e Heidegger desde Ortega y Gasset". *In*: NICOLÁS, Juan Antonio; SPINOZA, Ricardo. *Zubiri ante Heidegger.* Barcelona: Herder, 2008, p. 81-106.

_____. *El poder de la mentira: Nietzsche y la política de la transvalorización.* 3. ed. Madri: Tecnos, 2007.

SOLARI, Enzo. *La raíz de lo sagrado: Contribuiciones de Zubiri a la filosofia de la religión.* Santiago: RIL, 2010.

TEJADA, José Fernández; CHERUBIN, Felipe. *O que é a inteligência? Filosofia da realidade em Xavier Zubiri.* Rio de Janeiro: Lumen Iuris, 2016.

TIRADO SAN JUAN, Victor Manuel. *Husserl et Zubiri: Six études pour une controverse.* Paris: L'Harmattan, 2005.

ZUBIRI, Xavier. *Reflexões filosóficas sobre alguns problemas de teologia.* Madri: Alianza, 2019.

_____. *Sobre la realidad.* Madri: Alianza, 2018.

_____. *Sobre la religión.* Madri: Alianza, 2017.

_____. *Naturaleza, história, Dios.* Madri: Alianza, 2015.

_____. *Inteligência e logos.* São Paulo: É Realizações, 2011.

_____. *Inteligência e razão.* São Paulo: É Realizações, 2011.

_____. *Inteligência e realidade.* São Paulo: É Realizações, 2011.

_____. *Acerca del mundo.* Madri: Alianza, 2010.

_____. *Estrutura dinámica de la realidad.* Madri: Alianza, 2006.

_____. *Ensayo de una teoria fenomenológica del juicio.* Madri: Revista de Archivos, biblioteca y museos, 1923.

3. A filosofia realista zubiriana e o método teológico

Matheus da Silva Bernardes[*]

RESUMO: Este breve trabalho pretende verificar a contribuição do realismo zubiriano para o desenvolvimento da teologia latino-americana da libertação e a elaboração da relação entre práxis e teoria. Esse desenvolvimento se encontra sobretudo na obra de I. Ellacuría, estreito colaborar de X. Zubiri, e J. Sobrino, que não explicitou detalhadamente os pressupostos filosóficos de seu quefazer teológico, mas chegou à postulação de uma nova compreensão da teologia. A teologia não é só *intellectus fidei*, mas também *intellectus amoris*, o qual deve ser compreendido como inteligência da práxis histórica diante de um mundo sofredor (*intellectus misericordiae*), da práxis libertadora da miséria (*intellectus liberationis*) e da práxis em favor da justiça do Reino (*intellectus iustitae*). A contribuição do realismo zubiriano é decisivo dentro do processo descrito, até mais sua filosofia permitiu a fundamentação de uma teologia que já não era mais espelho, mas fonte nas palavras do também filósofo brasileiro H. Lima Vaz.

Introdução

É sabido que sob todo desenvolvimento teológico jaz um consistente pensamento filosófico. Se pensamos em toda a produção dos Padres da Igreja, começando por Inácio de Antioquia até Máximo Confessor, naturalmente passando

---

[*] Professor na PUC-Campinas e doutorando na Faculdade Jesuíta de Filosofia e Teologia (FAJE).

por Justino Mártir, Irineu de Lyon, Orígenes de Alexandria, Ambrósio de Milão e Agostinho de Hipona, é mais que evidente a influência das escolas filosóficas gregas, sobretudo a platônica, a estoica e a neoplatônica, no pensamento cristão.

O trabalho teológico de Tomás de Aquino, por citar somente o maior expoente da escolástica medieval, foi profundamente amparado pela filosofia aristotélica. O próprio Martinho Lutero buscou em Guilherme de Occam e no nominalismo fundamentos para a formulação de sua doutrina da justificação e, com ela, a base teórica para a Reforma Protestante do século XVI.

Há quem indique que a teologia católica percorreu um caminho obtuso do Concílio de Trento até quase o Concílio Vaticano II por ter se afastado do desenvolvimento da filosofia moderna e ter repetido os esquemas da filosofia escolástica medieval (KASPER, 1967, p. 27). Ao mesmo tempo, não se pode deixar de reconhecer a importância da filosofia na teologia pós-conciliar, mesmo que os grandes impulsos para a realização do Concílio tenham vindo da vida da Igreja e da própria teologia: os movimentos bíblico, litúrgico e patrístico. Os teólogos da segunda metade do século XX são grandes conhecedores do desenvolvimento filosófico contemporâneo, como é o caso de R. Bultmann, do lado protestante, e K. Rahner e H. U. von Balthasar do lado católico.

A fonte de toda teologia é a fé da Igreja, não só a professada, mas sobretudo a vivida; assim como os cristãos e cristãs vivem sua fé, assim se fará teologia. Justamente o destaque que se deu à fé vivida depois do Vaticano II foi o impulso para um dos desenvolvimentos teológicos mais criativos e interessantes da segunda metade do século XX: a teologia latino-americana da libertação. O princípio dessa teologia é a práxis cristã, especialmente a práxis libertadora das comunidades eclesiais de base, tão fomentadas pela II Conferência Geral do Episcopado Latino-americano, realizada em 1968, na cidade de Medellín, na Colômbia (FRANÇA MIRANDA, 2018, p. 41). Contudo, a práxis tem seu momento teórico, a teologia. Não se trata de *um* momento separado, mas um momento *de* (a práxis).

Nem todos os teólogos da libertação se debruçaram sobre o método teológico próprio desta teologia. É fundamental reconhecer o trabalho de C. Boff e sua obra *Teoria do método teológico*, em suas várias edições e ampla divulgação nas faculdades de teologia. Contudo, não se pode deixar de lado a contribuição de I. Ellacuría e J. Sobrino, sendo do último a formulação da teologia com *intellectus amoris* entendido em complementação ao tradicional *intellectus fidei* de Agostinho de Hipona e Anselmo de Cantuária e ao mais moderno *intellectus spei* de J. Moltmann – somente a título de destaque, mencionamos também a influência filosófica no pensamento de moltimanniano, especialmente o pensamento utópico de W. Benjamin e o *princípio-esperança* de E. Bloch, ambos autores vinculados à importante Escola de Frankfurt.

I. Ellacuría, cujo trigésimo aniversário de martírio celebramos em novembro de 2019, foi colaborador estreito de X. Zubiri; inclusive, antes de ser teólogo, o mártir salvadorenho é filósofo, e sua filosofia tem profundas raízes no realismo zubiriano. A realidade da história, especialmente a irrupção dos pobres para a Igreja e o mundo e a necessidade urgente de inverter o rumo da própria história, não marcaram somente a obra e a vida de I. Ellacuría, mas também seu brutal assassinato na residência dos jesuítas da UCA.

J. Sobrino já pode ser considerado diretamente um teólogo da libertação, cuja Cristologia, especialmente o retorno à história de Jesus de Nazaré, e a formulação do *princípio-misericórdia*, como *re-ação* primária e fundamental diante de um mundo sofredor, são de importância incontestável para dentro das faculdades de teologia na América Latina e ao redor do mundo – basta verificar o número de artigos, dissertações e teses apresentadas a partir do pensamento do autor. J. Sobrino é devedor direto da filosofia de I. Ellacuría, o qual, por sua vez, é devedor de X. Zubiri, como já se mencionou.

3.1. Realidade e teologia

Algo que caracteriza a teologia latino-americana da libertação, desde seus primórdios, é o fato de assumir a realidade histórica e elevá-la a conceito teológico. Trata-se de uma *teo-logização* da realidade que ora se dá mais conscientemente – I. Ellacuría e C. Boff –, ora menos – G. Gutiérrez, J. L. Segundo, L. Boff. A pergunta, porém, que perpassa o quefazer teológico latino-americano é qual âmbito da realidade deve ser *inteligido* pela teologia (AQUINO JÚNIOR, 2012, p. 99). Mas antes há uma pergunta mais fundamental que não podemos deixar de lado: é possível conhecer a realidade ou não?

Sob inspiração direta do pensamento zubiriano, I. Ellacuría toma o desafio de elevar a realidade histórica latino-americana à categoria teológica. Vale, portanto, que nos perguntemos como ele o faz. Antes de mais nada, temos que afirmar que o método teológico não se dá por separado da própria atividade teológica: é o modo concreto como se faz teologia. Independente da teologia que façamos, ela sempre será feita em um modo determinado que é seu método. Isso é o que I. Ellacuría chama de *momento real do método* que se usa (ELLACURÍA, 2001, p. 286).

Não devemos nos esquecer, contudo, de que o método aparece também como *aspecto crítico e operativo, reflexamente considerado* (ELLACURÍA, 2000, p. 188). Não se trata de outro método que venha a problematizar e explicar as bases do quefazer teológico – é o mesmo método teológico considerado criticamente.

Problematizar a teologia latino-americana da libertação significa considerar criticamente seu método, isto é, explicar sua orientação e sua estrutura fundamentais: seus elementos constitutivos em sua unidade e operatividade (AQUINO JÚNIOR, 2012, p. 141). I. Ellacuría insiste que a orientação fundamental da teologia latino-americana da libertação é a realização – a *práxis* – histórica da salvação, isto é, a *transformação da realidade e, nela, a transformação da pessoa*. Essa, segundo o autor, é a grande diferença das teologias cuja orientação fundamental é a interpretação das afirmações dogmáticas.

Portanto, o centro da teologia da libertação não está na *ideia* da realidade, mas na *realidade mesma* e na busca de mediações históricas que possibilitem a *salvação* dentro dessa *realidade*. Não podemos pensar que o ponto de partida do teólogo da libertação seja o ativismo pastoral ou político – uma acusação comum das décadas de oitenta e noventa do século passado. A afirmação do centro da teologia da libertação, como apresentamos, é possível graças à análise da própria intelecção humana, que não consiste formalmente em *compreensão de sentido*, mas em *apreensão de realidade*.

Para avançar na consideração crítica da teologia latino-americana da libertação, temos que evidenciar, agora, o caráter estrutural do seu método, isto é, o fato de que esse método está constituído de elementos ou aspectos irredutíveis, que estão referidos uns aos outros e se tornam operativos e determinantes no quefazer teológico. A teologia da libertação só se sustenta, assim como seu método, pela diversidade dos elementos e pela sua *respectividade constitutiva* e *operativa*. Para isso, precisamos realizar uma dupla consideração de elementos (AQUINO JÚNIOR, 2012, p. 142-143).

Consideremos, em primeiro lugar, os três elementos constitutivos da teologia da libertação em si: o Reino de Deus, a atividade intelectiva e o mundo dos pobres. A reflexão teológica latino-americana exige como delimitação fundante a referência a Deus, mas não a *Deus sem mais* – se é que é possível refletir sobre Deus sem uma mediação –, mas a *Deus presente na situação histórica* (ELLACURÍA, 2000, p. 212).

Logo, o âmbito da realidade se torna determinante para o quefazer teológico, e, por essa razão, I. Ellacuría insistirá que o objeto central da teologia da libertação é o Reino de Deus. A reflexão teológica dependerá diretamente do Reino de Deus e de sua apreensão intelectiva. Insistimos, porém: não se trata somente de uma realidade a ser teologizada, como se o processo de *teo-logização* se desse à parte da realidade teologizada. O Reino de Deus é elemento constitutivo e determinante do próprio processo de *teo-logização* (AQUINO JÚNIOR, 2012, p. 144).

Outro elemento constitutivo e determinante da teologia latino-americana da libertação é a atividade intelectiva. Por mais que o âmbito da realidade seja determinante para o quefazer teológico, sem a intelecção não há propriamente teologia. A reflexão teológica depende tanto da riqueza e profundidade da realização do Reino de Deus – *práxis histórica* – como da riqueza e profundidade da apreensão dessa realização – *atividade intelectiva*.

Estamos diante de dois momentos – não cronológicos – distintos e irredutíveis, mas inseparáveis: a teologia é um momento da práxis do Reino de Deus, é sua formulação teórica; é um momento *de*, que por suas atividades específicas e seu aparato técnico próprio, se reveste de caráter irredutível, mas não *um* momento (AQUINO JÚNIOR, 2012, p. 144). Essa compreensão nos permite deixar de lado tanto a tendência idealista como a pragmatista e ativista da teologia. Trata-se da unidade da práxis histórica e intelecção da práxis.

Por fim, o terceiro elemento constitutivo e determinante da teologia latino-americana da libertação é o mundo dos pobres como lugar *teologal e teológico* fundamental. Destacamos que o mundo dos pobres não é entendido somente como o tema fundamental ou o lar de argumentos, mas como *lugar social* da teologia da libertação (AQUINO JÚNIOR, 2012, p. 145). É o meio com o qual se faz teologia.

As razões são diversas: o Reino de Deus é uma *realidade histórico-social* referida ao mundo dos pobres, como Antigo e Novo Testamento comprovam; o mundo dos pobres é lugar privilegiado para a realização do Reino de Deus e sua intelecção; os pobres são os destinatários privilegiados do Reino de Deus e aos quais a teologia, em primeiro lugar, está a serviço; é o lugar fundamental de historização e verificação da teologia (desideologização da própria teologia).

Finalmente, é preciso considerar os elementos elencados em sua *operatividade* e *unidade*. Ainda que já tenhamos mencionado, é preciso reiterar que o método da teologia latino-americana da libertação se mantém unido e operativo somente pela *respectividade* desses três elementos. Por mais irredutíveis que eles sejam, a ausência total de um deles torna o método teológico e a própria teologia inviáveis.

Toda a consideração anterior somente é possível se reconhecermos a importância da perspectiva unitária da relação *práxis-teoria*, como foi trabalhada por I. Ellacuría e, posteriormente, por J. Sobrino. Essa perspectiva unitária não é evidente em todos os teólogos da libertação; alguns, como o caso de C. Boff, abordam práxis-teoria dentro de um horizonte dualista, ainda que residualmente (AQUINO JÚNIOR, 2012, p. 97). A perspectiva unitária no trabalho da relação *práxis-teoria*, à qual nos referimos, somente é possível a partir da filosofia realista de X. Zubiri.

3.2. A RELAÇÃO ENTRE PRÁXIS HISTÓRICA E TEORIA TEOLÓGICA

O centro da filosofia zubiriana está na apreensão da realidade pela inteligência senciente. Não há espaço para dois momentos cognitivos: o primeiro dos sentidos e o segundo da razão, como verificamos nas interpretações da tradição aristotélico-tomista. O ato de intelecção é unitário e acontece imediatamente.

Retomando a relação *práxis-teoria*, esta não se dá em um momento separado daquela: a teoria brota da práxis e não o contrário, como nos é comumente apresentado. Para conhecer a realidade, ou mais precisamente em termos zubirianos, para apreender a realidade, é preciso se comprometer com ela, querer decididamente transformá-la. Nesse sentido, a tarefa fundamental da teologia, segundo as ideias de I. Ellacuría, é conhecer a realidade (momento noético), perceber a responsabilidade que a própria teologia tem para com ela (momento ético) e, sobretudo, assumir essa responsabilidade (momento práxico).[1]

Logo, a práxis não é entendida como momento segundo de uma teoria, mas como berço da teoria. A práxis libertadora não nasce a partir de uma análise da realidade, mas nasce da própria realidade dos pobres, daqueles que sofrem e clamam por justiça. O quefazer teológico não pode ser entendido fora do *horizonte práxico*, como se fosse somente expressão do compromisso social e político do teólogo.

A reflexão é ainda mais clara quando J. Sobrino acrescenta um quarto momento à apreensão da realidade: ser levado pela realidade (*dejarse cargar por la realidad*). Trata-se de descobrir que nos empobrecidos – no povo crucificado – há

---

1 "Se conoce la realidad cuando además de hacerse cargo de ella (momento noético) y de cagar con ella (momento ético), uno se encarga de ella (momento práxico)." (SOBRINO, 1989, p. 292).

graça que oferece ao teólogo um novo olhar para ver, novas mãos para trabalhar, costas para suportar e carregar o peso da cruz, mas sobretudo para ter *esperança contra toda esperança* nas palavras de Paulo aos romanos (SOBRINO, 2005, p. 210-211; LAGUNA, 2011, p. 30).

Neles, nos empobrecidos, também há graça estrutural, entre eles se encontra luz, esperança e amor capaz de humanizar. Essa verdade não nos aparece a partir de uma reflexão lógica, mas a partir da própria Revelação: no servo sofredor há luz e salvação (Is. 53: 11-12), no Cristo crucificado há sabedoria de Deus (1 Cor. 1: 24). Se negamos o mundo da pobreza, negamos a própria realidade humana e somos incapazes de contemplar a verdade. *"Manifesta-se, com efeito, a ira de Deus, do alto do céu, contra toda impiedade e injustiça dos homens que mantêm a verdade prisioneira da injustiça"* (Rom. 1: 18).

Ainda sobre a relação *práxis-teoria*, é preciso esclarecer que se trata de um momento que está diretamente relacionado ao ponto de partida e à formalidade da atividade intelectiva enquanto tal. O *real* tem prioridade sobre o *saber*, logo, também deve configurar o quefazer teológico.[2] Ainda que a teologia da libertação se reconheça como um esforço especificamente intelectual, não pode ser reconhecida como um esforço – ou quefazer – autônomo em relação à práxis humano-cristã: seu ponto de partida é essa práxis.

A teologia é um momento *de* esse quefazer, *de* essa práxis, como já mostramos com a reflexão de I. Ellacuría. J. Sobrino acrescentará que a teologia é um momento consciente e reflexo por excelência, mas inseparável da práxis (SOBRINO, 1988, p. 257). A concepção realista-práxica (senciente) do conhecimento humano nos permite notar que a positividade da fé nasce de uma práxis histórico-eclesial que, ao mesmo tempo, possibilita e condiciona a mediação práxica da linguagem (AQUINO JÚNIOR, 2009, p. 409-413).

Finalmente, podemos partir para a determinação e a formulação do *âmbito de realidade* a ser inteligido pela teologia. Isso não é discussão nova na história da

---

2 D. Gracia, ao apresentar o pensamento de X. Zubiri, logo depois de seu falecimento, insiste que as "coisas palpitam em nós", mas "nós também palpitamos nas coisas", de tal modo que nós somos definitivamente transformados pelas coisas, e elas por nós (GRACIA, 1984, p. 105-106). A reflexão é uma forma muito precisa de descrever o pensamento teológico porque a realidade de Deus e da história (o Reino de Deus) palpitam no coração do teólogo e, portanto, a realidade do teólogo, mediante sua práxis, também palpita no coração de Deus e da história. Realidade e quefazer teológico se implicam mutuamente, como I. Ellacuría e J. Sobrino mostram ao refletirem sobre o método próprio da teologia da libertação.

teologia, está dentro das disputas de compreensão do que é imanente na Revelação. Em nenhum momento, pretendemos reduzir a transcendentalidade da Revelação, contudo, insistimos que ela é percebida na história e, no caso concreto dos povos crucificados, em seu clamor.

A práxis em favor dos empobrecidos não pode ser reduzida somente a uma consequência da formulação positiva da fé – a teoria teria primazia sobre a práxis, nesse caso. Uma justificativa para essa postura seria evitar o risco de incorrer em um antropocentrismo inaceitável para a teologia. Contudo, não podemos deixar de ressaltar que essa postura acaba por incorrer em outro risco: prescindir da historicidade da Revelação e nos conduzir ao dualismo (AQUINO JÚNIOR, 2009, p. 414).

I. Ellacuría propõe tomar como *âmbito de realidade* ou *objeto fundamental* da teologia o Reino de Deus para superar toda tendência dualista, como já indicamos acima. O Reino de Deus compreendido tanto no que tem *de Deus* (transcendência), como no que tem de *Reino* (realização histórica). Ademais, o Reino de Deus é inteligido em sua unidade estrutural, não só em sua dialética, o que possibilitará a J. Sobrino postular sua tese da teologia com *intellectus amoris*, o que apresentaremos em seguida.

3.3. A REAÇÃO PRIMORDIAL DIANTE DA REALIDADE

Em maio de 1988, J. Sobrino apresentou no congresso organizado pela associação de professores de teologia dos Estados Unidos, na Loyola Marymount University, em Los Angeles, sua tese da teologia entendida como *intellectus amoris*.

Antes de elaborar seu discurso próprio, a teologia tem que discernir sobre as realidades do mundo, como sinais dos tempos, onde seu quefazer se desenvolverá. Não se trata somente de uma determinação categorial (*ubi*), mas substancial (*quid*) do trabalho teológico. Podemos afirmar, inclusive, que é um ato de fé, pois se crê na manifestação da presença e da vontade de Deus na história. É o momento da pré-compreensão que conduzirá a tarefa teológica (SOBRINO, 1988, p. 249).

Ainda que seja uma tarefa pré-teológica, deve ser levada a sério porque revela o compromisso da teologia com Deus e com o mundo. Por outro lado, segundo a realidade com que se confronta e o modo de confrontar com essa realidade, a própria atividade teológica também se vê configurada e receberá sua finalidade específica.

A teologia latino-americana da libertação se propôs pensar *em* um mundo sofredor, portanto, essa realidade configura tanto sua atividade quanto sua finalidade (SOBRINO, 1988, p. 243-244). Sem dúvida, *o fato maior* para a teologia da libertação é a *irrupção dos pobres* com todo o seu sofrimento, mas também com toda a sua esperança.

O sofrimento que tem origem na *"pobreza em massa, cruel, injusta, estrutural e duradoura"* (SOBRINO, 1988, p. 244-245) não é palavra de realidade optativa ou que pode ser evitada pela teologia. Podemos nos calar diante de uma realidade tão clamorosa (Puebla, n. 89)? A *irrupção dos pobres* não foi somente o começo cronológico da teologia da libertação; tornou-se, verdadeiramente, princípio dessa teologia que orienta seu processo, guia seu pensamento e a inspira para chegar à sua finalidade (SOBRINO, 1994, p. 49).

É um claro sinal dos tempos que não pode ser relegado somente à pastoral da Igreja, pertence à reflexão teológica. É a palavra atual de Deus, que em nada contradiz a Palavra revelada na Escritura e transmitida pela Tradição, pelo contrário, chega a ser confirmada por ela. Por acaso, o Deus de Israel não libertou seu povo do Egito depois de ter ouvido seu clamor (Êx. 3: 7)? Não enviou seu Filho, Jesus de Nazaré, para anunciar a boa nova da salvação para os pobres (Lc. 4: 18)?

A determinação do *fato maior* não é só a origem de uma *teo-logia*; a pobreza massiva, cruel e injusta desencadeia, sobretudo, uma *teo-práxis*. O teólogo não pode permanecer indiferente diante do sofrimento, é preciso fazer algo. E aqui se decide o argumento crucial para a determinação do *fato maior*. É preciso gerar esperança e negar que a história está condenada ao absurdo perverso. Trata-se de assumir, por fim, com seriedade, a pergunta pela *teodiceia*: como crer em Deus vivendo no meio de povos crucificados (SOBRINO, 1988, p. 245-249)?

A *irrupção dos pobres* como fato maior da teologia da libertação desencadeia um processo essencial para a própria teologia: sua conversão. Como toda obra humana, a teologia também pode ser afetada pelo pecado; logo, é mister sempre rever o quefazer teológico e questioná-lo para saber até que ponto está cumprindo a vontade de Deus.

A conversão da teologia passa necessariamente pela conversão do próprio teólogo que não pode *"manter a verdade prisioneira da injustiça"* (Rom. 1: 18). Exigência fundamental para fazer teologia é a honestidade intelectual diante da realidade para não subjugar sua verdade. Portanto, a conversão não é só matéria de pesquisa teológica, mas deve estar em seu próprio método para lhe assegurar honradez diante da Revelação e da palavra atual de Deus.

Ao conhecer mais os textos revelados e ao ser honesto com a realidade, o teólogo afirma a *alteridade radical* dos empobrecidos, o que o leva a formular o *descentramento*, isto é, o esquecimento de si mesmo diante do sofrimento alheio (a *força de imposição* da realidade). A teologia já não responderá mais a seus próprios interesses, mas aos interesses do outro simplesmente porque é outro e sofredor (SOBRINO, 1988, p. 249-255).

O *descentramento* exigido à teologia coincide com a *re-ação* primária diante do sofrimento alheio: a *misericórdia*, que não pode ser interpretada e manipulada sentimental, paternalista ou individualisticamente. É essencial a interiorização da compreensão da misericórdia como amor primordial diante do mundo sofredor pelo simples fato da sua existência.

Essa *re-ação* ante o mundo sofredor é primeira e última. Na Revelação, Deus é movido por *misericórdia* para libertar o seu povo da escravidão, Jesus cura por *misericórdia* (Mc. 10: 46-52) e apresenta parábolas nas quais a motivação primeira é a *misericórdia* (Lc. 10: 25-37; 15: 11-31). Por outro lado, a *misericórdia* não apresenta nenhum interesse e condição: é também última. Pela primariedade e ultimidade da *misericórdia*, conhecemos quem Deus é e quem o ser humano está chamado a ser. A teologia, portanto, não pode ter a misericórdia só como conteúdo, mas deve integrá-la em seu próprio método; o exercício da atividade teológica deve ser expressão de misericórdia, isto é, *intellectus misericordiae* (SOBRINO, 1988, p. 255-256). Nasce o *princípio-misericórdia* que, segundo J. Sobrino, orientará o método da teologia da libertação.

Porém, ainda é preciso falar da conversão da teologia ao mundo dos pobres. Para isso, resta ainda uma tarefa fundamental: uma nova compreensão da teologia de tal forma que possa conhecer a realidade, se dar conta da responsabilidade que tem por ela, assumir essa responsabilidade e se deixar levar por ela, como já foi apresentado anteriormente (SOBRINO, 1989, p. 292).

A novidade da teologia da libertação consiste mais em sua estrutura formal que em seus conteúdos. Biblicamente, como já foi apresentado, a teologia pode ser compreendida como *intellectus misericordiae*; historicamente, pelos clamores dos necessitados, *intellectus iustitiae* ou *intellectus liberationis*. Contudo, para sistematizar o conceito teológico da própria teologia, deve ser entendido como *intellectus amoris* (SOBRINO, 1988, p. 259-262).

Amor histórico que torna o ser humano afim de Deus que se revela em seu amor pela humanidade sofredora (afinidade), mas que preserva a distância entre Criador e criatura (alteridade), pela gratuidade desse mesmo amor. Com a formulação *intellectus amoris*, a teologia da libertação não despreza a formulação clássica da teologia como *intellectus fidei* (Agostinho e Anselmo), nem a formulação que J. Moltmann chegou a partir de seus estudos de escatologia, *intellectus spei*, mas ressalta o fundamento da Revelação (prioridade lógica): a doação amorosa de Deus.

A teologia entendida como *intellectus amoris* é também *mistagógica*. O mistério de Deus se esclarece – e se obscurece – desde dentro, desde a prática do amor que torna o ser humano semelhante a Deus mesmo. O *caminho mistagógico* proposto pelo *intellectus amoris* é um caminhar humildemente com o Deus na história, como já aparece em Mq. 6: 8 (SOBRINO, 1988, p. 264). A *irrupção dos pobres* significou um enorme enriquecimento para a atividade teológica. Neles é possível se encontrar com a totalidade do servo sofredor do Senhor (Is. 52: 13-53; 12): é aquele que sofre, mas é aquele que oferece luz e salvação. Essa irrupção também nos aparece na história como pura gratuidade. É algo bom, inesperado e imerecido, é uma Boa Nova, é Evangelho. A irrupção gratuita exige um *intellectus gratiae*, isto é, uma reflexão que assuma a gratuidade em si, que se dedique àquilo que foi dado.

> Levar a sério estas duas coisas [*intellectus amoris* e *intellectus gratiae*] é uma forma de mostrar como a Teologia responde à totalidade da Revelação e da fé. É também uma forma de evitar o que na nossa opinião seria o reducionismo fundamental: uma prática do amor sem gratuidade ou uma gratuidade sem prática do amor. É uma forma de unificar, ao mesmo tempo, a afinidade de Deus e alteridade de Deus. Finalmente, é uma forma de unificar o transcendente com o histórico (SOBRINO, 1988, p. 264).

Toda teologia é válida porque se esforça para formular o *logos* explicativo, argumentativo e apologético que acompanha a fé. Contudo, a tarefa primigênia não deveria ser o aprofundamento intelectual dos conteúdos da fé, nem nos motivos racionais da esperança humana. A tarefa fundamental é assumir a realidade do mundo sofredor, isso é, *amor quaerens intellectus* para erradicar as dores da história e transformá-las em alegria (SOBRINO, 1988, p. 260).

Portanto, a práxis não terá somente prioridade cronológica para essa teologia, terá, principalmente, prioridade lógica: fazer é mais que compreender mais. Podemos até afirmar que, além de uma *teo-logia*, o que a teologia latino-americana da libertação realizou foi uma *teo-práxis*, não ocupada só com a *orto-doxia*, mas, sobretudo, com a *orto-práxis*, a práxis libertadora.

A práxis é essencial para se compreender a caminhada da teologia latino-americana da libertação e a sua maior novidade teórica, como afirma J. Sobrino (SOBRINO, 1988, p. 258). A nova autocompreensão da teologia nos permite superar o divórcio entre verdades teológicas e realidade. Já não há mais por que falar de uma teologia racional e uma teologia amorosa ou misericordiosa que estivesse mais em sintonia com a pastoral e a espiritualidade.

3.4. A MODO DE CONCLUSÃO

Sem sombras de dúvidas, ainda há muito para pensar sobre o método da teologia a partir da filosofia realista de X. Zubiri. O que pretendemos neste breve trabalho foi recolher os esforços de dois expoentes que já assumiram essa empresa: I. Ellacuría e J. Sobrino. Também, destacamos o trabalho de F. Aquino Júnior que não dedicou somente sua tese doutoral à epistemologia teológica de I. Ellacuría e, portanto, a um amplo estudo da filosofia zubiriana, mas que ainda continua, em suas pesquisas sobre o método próprio da teologia latino-americana da libertação, a aprofundar as bases da intelecção senciente da realidade.

Ainda que as citações destas poucas páginas tenham se restringido a obras dos autores mencionados, queremos, a modo de conclusão, explicitar alguns fundamentos zubirianos do que expusemos.

Destacamos, principalmente, os três livros tardios, porém centrais, do autor: *Inteligência e realidade, Inteligência e logos* e *Inteligência e razão*. São três livros, mas não três obras – trata-se de uma única obra na qual o autor, já no crepúsculo de sua vida, apresenta seu pensamento especialmente no que consiste a *realidade*, o *ato de intelecção* e a *apreensão primordial da realidade*. Há outros *modos* de *intelecção* ou, como o próprio X. Zubiri afirma:

> *A intelecção tem diferentes modos, isto é, há diferentes modos de mera atualização do real. Há um modo primário e radical, a apreensão do real atualizado em e por si mesmo: é o que chamo de apreensão primordial do real. Por isso, seu estudo é uma análise rigorosa das ideias de realidade e de intelecção. Mas há outros modos de atualização. São os modos segundo os quais o real é atualizado não somente em e por si mesmo, mas também entre as coisas e no mundo. Não se trata de 'outra atualização', mas de um desdobramento de sua atualização primordial: é, por isso, uma reatualização. Como a intelecção*

primordial é senciente, sucede que essas reatualizações também são sencientes. São duas: o logos e a razão, logos senciente e razão senciente. O conhecimento não é senão uma culminação de logos e razão (ZUBIRI, 2011a, p. 14).[3]

A teologia, como já mencionamos, é logos explicativo, argumentativo e apologético que acompanha a fé. Porém, jamais pode ser considerada como momento primeiro; a teologia é um momento segundo, momento *de* a fé, ou, nas palavras de J. Sobrino, momento *de* o amor. O amor misericordioso de Deus manifestado na Revelação, especialmente em Jesus, é o momento primeiro e fundamental, ao qual todo quefazer teológico deve se remeter. Dito em termos zubirianos, esse amor misericordioso é o *momento primordial* de toda teologia.

A *irrupção dos pobres* no mundo se torna palavra de realidade para a teologia, não só de realidade das injustiças do mundo e do sofrimento dos empobrecidos, mas de realidade do próprio Deus que *re-age* amorosa e misericordiosamente diante do sofrimento alheio. A apreensão senciente dessa realidade – dessa mediação, vamos dizer, na teologia da libertação – é o que o fundamenta todo *logos teo-lógico*, não só como momento cronológico inicial, mas como momento que conforma toda a atividade teológica.

Não basta conhecer a realidade, é preciso voltar sempre a essa realidade ou, mais precisamente, estar na realidade. Na análise do ato de intelecção, X. Zubiri afirma que a realidade apreendida *permanece em nós* fisicamente,[4] mas, ao mesmo tempo, *nós permanecemos* na realidade (ZUBIRI, 2011, p. 65). Em nossa opinião, aqui reside um grande desafio para a teologia do século XXI: permanecer na realidade. Nesse sentido, o realismo zubiriano – que não tem nada a ver com o realismo ingênuo da filosofia antiga e da escolástica – é uma contribuição fundamental para o quefazer teológico hodierno: a força de imposição da realidade não é entendida a partir de um objetivismo facilmente manipulado pela ideologia, mas a partir da própria estrutura fundamental do ato de intelecção humano, que é senciente.

---

3 Ainda que exista uma tradução ao português do livro, a citação segue as páginas da publicação espanhola conforme indicamos nas referências bibliográficas. Os destaques no texto são nossos.

4 Optamos pela tradução do verbo *quedar* como *permanecer*. Ainda que comumente se use a tradução como *ficar*, parece-nos que *permanecer* expressa melhor o que X. Zubiri quer expressar com *la realidad me queda a mí*. Reconhecemos, não obstante, a inexatidão do uso das preposições *em* e *a*, mas a expressão *permanecer a* em português diz pouco ou nada. O ideal seria usar o verbo *quedar* em espanhol mesmo, como, por exemplo, *de suyo*, algumas vezes traduzido como *de seu*, mas que não expressa a riqueza da expressão espanhola. Em todo caso, não há de se esquecer da expressão latina *traduttore traditore*.

Contudo, não é pretensão desta modesta contribuição estudar o inteligir humano, mas somente mostrar que em X. Zubiri a teologia encontra perspectivas para reformulação de seu método e, por consequência, de todo seu trabalho atual. I. Ellacuría e J. Sobrino são exemplos ao proporem como ponto de partida epistemológico a teologia não só como *scientia fidei*, mas também como *scientia amoris*.

Referências bibliográficas

AQUINO JÚNIOR, F. "A teologia como '*intellectus amoris*': A propósito da crítica de Clodovis Boff a Jon Sobrino". *Revista Eclesiástica Brasileira*, (274): 388-415, abr. 2009 (Petrópolis).

_____. *Teoria teológica: Práxis teologal*. São Paulo: Paulinas, 2012.

ELLACURÍA, I. *Escritos teológicos I*. San Salvador: UCA, 2000.

_____. *Escritos teológicos II*. San Salvador: UCA, 2000.

_____. *Escritos filosóficos III*. San Salvador: UCA, 2001.

FRANÇA MIRANDA, Mario de. "A teologia de Medellín". *In*: SOUZA, Ney de; SBARDELOTTI, Emerson. *Medellín: Memória, profetismo e esperança na América Latina*. Petrópolis: Vozes, 2018. p. 41-52.

GRACIA, Diego. "Actualidad de Zubiri: La filosofía como profesión de la verdad". *In*: TELLECHEA. J. I. (ed.). *Zubiri (1898-1983)*. Vitoria: Depto. de Cultura del Gobierno Vasco, 1984, p. 73-137.

KASPER, Walter. *Die Methoden der Dogmatik: Einheit und Vielheit*. Munique: Kösel-Verlag KG, 1967.

LAGUNA, J. "Hacerse cargo, cargar y encargarse de la realidad". *Cristianisme i justicia*, 172, 2011 (Barcelona). Disponível em: www.cristianismeijusticia.net. Acesso em: 24 jan. 2020.

SOBRINO, Jon. "Teología en un mundo sufriente: La teología de la liberación como 'intellectus amoris'". *Revista latinoamericana de Teología*, 15: 243-266, set.--dez. 1988 (San Salvador).

_____. "Como fazer teologia". *Perspectiva Teológica*, 21 (55): 285-303, set.-dez. 1989 (Belo Horizonte).

SOBRINO, Jon. *O princípio misericórdia: Descer da cruz os povos crucificados*. Petrópolis:Vozes, 1994.

_____. "'El pueblo crucificado' y 'la civilización de la pobreza': 'El hacerse cargo de la realidad' de Ignacio Ellacuría". *Revista latinoamericana de Teología*, 66: 209-228, set.–dez. 2005 (San Salvador).

ZUBIRI, Xavier. *Inteligência e realidade*. São Paulo: É Realizações, vol. I, 2011.

_____. *Inteligência e logos*. São Paulo: É Realizações, vol. II, 2011.

4. Deus *senciente*: o lugar de Xavier Zubiri na filosofia da religião[1]

Dr. Tommy Akira Goto[2]
Dr. Vitor Chaves de Souza[3]

INTRODUÇÃO

Qual o lugar de Deus na filosofia da religião? Segundo Xavier Zubiri, uma das questões mais originais – e centrais – da filosofia é o *problema de Deus na vida humana*. O filósofo espanhol, discípulo de José Ortega y Gasset, colega de Julián Marías, e, na fenomenologia, aluno de Edmund Husserl e Martin Heidegger, propõe

---

1 Este trabalho é fruto de pesquisa pós-doutoral em realização na Universidade Federal de Uberlândia, sob a supervisão do professor doutor Tommy Akira Goto.

2 Professor Adjunto IV da Pós-Graduação em Filosofia e da Graduação e Pós-Graduação em Psicologia da Universidade Federal de Uberlândia (UFU), Doutor em Psicologia como Profissão e Ciência pela PUC-Campinas (2007), Mestre em Filosofia e Ciências da Religião pela Universidade Metodista de São Paulo (2002) e Graduado em Psicologia pela Universidade São Marcos (1998). Membro do GT de Fenomenologia da Associação Nacional de Pós-Graduação em Filosofia (ANPOF); Membro do GT de "Fenomenologia, Saúde e Processos Psicológicos" da Associação Nacional de Pesquisa e Pós-Graduação em Psicologia (ANPEPP). É vice-presidente fundador da Associação Brasileira de Psicologia Fenomenológica (ABRAPFE), Membro-colaborador do Círculo Latinoamericano de Fenomenología (CLAFEN) e Membro-assistente da Sociedad Iberoamericana de Estudios Heideggerianos (SIEH) e membro da Asociación Latinoamericana de Psicología Existencial (ALPE). Email: tommy@ufu.br

3 Pós-Doutorando em Filosofia pela Universidade Federal de Uberlândia. Doutor em Ciências da Religião, bacharel em Teologia e licenciado em Letras pela Universidade Metodista de São Paulo. Docente permanente na Pós-Graduação em Ciências da Religião e professor colaborador na Pós-Graduação em Educação da Universidade Metodista de São Paulo. Coordenador do grupo de pesquisa *Hermeneia — Filosofia Hermenêutica da Religião*. Editor da revista *Estudos de Religião*. Membro de honra do *Centro de Estudos Medievais - Oriente e Ocidente*, CEMOROC - USP.

um tratado de inteligência senciente para a investigação de temas fundamentais como a realidade e os fenômenos da natureza. Interessa a esta pesquisa o recorte fenomenológico na realidade. Com um "materialismo realista", o pensamento de Zubiri acerca de Deus foi desenvolvido em 1935[4] tratando do problema da experiência e do acesso de Deus. O tema da religião sempre esteve presente em seu pensamento,[5] mas foi com a sua teoria da *inteligência senciente* que a questão tomou proporção e originalidade: o saber é possível no real por intermédio de uma inteligência senciente. Sentimento e intelecção não são dissociados, pois, sendo o sentir um processo senciente, trata-se a rigor de dois momentos de um único ato de apreensão.[6] Isso, para Zubiri, é a ideia da inteligência senciente. E é a partir dessa ideia de inteligência que o ser humano enfrenta as coisas como realidades. Este capítulo propõe um lugar para Xavier Zubiri na filosofia da religião tendo o tema de Deus como o centro da reflexão. Analisa-se, num primeiro momento, a fundamentação filosófica no autor, distinguindo os limites de sua fenomenologia, a opção por uma metafísica e o trabalho acerca da religação. Posteriormente, aprofunda-se, segundo os conceitos-chave do autor e a filosofia da inteligência, o problema de Deus e as implicações de tal problema para a verdade religiosa. Por fim, a pesquisa interage a filosofia zubiriana com a tradição filosófica do século XX acerca da religião e questiona a originalidade de Zubiri para tal tradição, a saber, a primazia da realidade, as categorias ontológicas da religião e o exame filosófico da religião pela questão do ser pelo poder de realidade. O objetivo da pesquisa, portanto, é averiguar a extensão de tal filosofia como método para a pesquisa em filosofia da religião tendo na questão de Deus o seu assunto mais original. Para isso, propõe-se a análise do capítulo "Em torno do problema de Deus" em sua obra--prima *Natureza, história e Deus*, tendo como base metodológica o referencial de

---

4 Na obra: ZUBIRI, Xavier. *Natureza, História, Deus*. São Paulo: É Realizações, 2010. Para trabalhos dedicados ao acesso e experiência de Deus em Zubiri, cf. BELLO, Joathas Soares. "A religação do homem a Deus em Xavier Zubiri e Tomás de Aquino". *Coletânea*, XII (24): 234-252, jul.-dez. 2013 (Rio de Janeiro). CESCON, Everaldo. "O problema de Deus e do seu acesso e a experiência de Deus". *Teología y Vida*, 44: 373-394, 2003; CRUZ, Jesús Sáez. *La accesibilidad de Dios: Su mundanidad y transcendencia en Xavier Zubiri*. Salamanca: Publicaciones Universidad Pontificia de Salamanca, 1995; e GARCÍA, Juan José. *Inteligencia sentiente, reidad, Dios: Nociones fundamentales en la filosofía de Zubiri*. Cuadernos de pensamiento español, n° 30 (2006).

5 Cf. CESCON, 2003. Disponível em: https://scielo.conicyt.cl/scielo.php?script=sci_arttext&pid=S0049-34492003000400002&lng=es&nrm=iso. Acesso em: 03 dez. 2018.

6 Cf. TEJADA, José Fernández, *In*: ZUBIRI, Xavier. *Inteligência e Realidade*. São Paulo: É Realizações, 2011, p. XIX.

seus principais leitores bem como o diálogo com a trilogia *Inteligência e realidade*, *Inteligência e logos* e *Inteligência e razão* para a intelecção do poder da realidade e Deus a realidade fundamental – *realitas fundamentalis* – na metafísica de Xavier Zubiri.

4.1. FUNDAMENTOS E CONTEXTOS

Xavier Zubiri (1898-1983) foi um filósofo espanhol que, devido a suas viagens e pesquisas, conviveu com renomados pensadores, incluindo Edmund Husserl (1859-1938) e Martin Heidegger (1889-1976).[7] Além dos dois maiores expoentes da fenomenologia do século XX, Zubiri foi, também, aluno dos cientistas Albert Einstein (1879-1655) e Erwin Schrödinger (1887-1961). O círculo acadêmico é vasto e variado. Interessam-nos, a rigor, as suas preocupações espirais filosóficas, a referência fenomenológica inicial e o seu pensamento voltado aos conceitos de homem, realidade e Deus – este último em especial.[8] Diante da tendência vigente ao nivelamento entre filosofia e ciência, Zubiri empenhou-se na construção de um sistema filosófico cuja base estaria na compreensão do ser humano em seu estatuto ontológico como tal. Para isso, situou a realidade e a religião no interior da linguagem filosófica, de modo que tal situação pudesse, a seu ver, superar as demais alternativas no cenário filosófico. Segundo Antonio Vidal Nunes, Zubiri "estabeleceu um novo horizonte de compreensibilidade do fenômeno religioso, no qual o legado herdado sofre uma ação crítica ao cabo da qual delineia uma nova orientação".[9] Fez-se notar, orientado pela intuição de um novo horizonte de compreensibilidade do fenômeno religioso, uma perspectiva original na compreensão do problema de Deus na tradição fenomenológica – que, posteriormente, abarcará nas intuições zubirianas a respeito da tensão teologal, a manifestação de Deus como fundamento e o transcendente na filosofia senciente. Nesta perspectiva fundamenta-se o interesse da pesquisa.

Uma fundamentação teórica não é apenas a explicação resumida ou esquemática das principais ideias de uma proposta de pesquisa, menos ainda apenas

---

7 A quem se interessar sobre a vida de Zubiri, cf. ZUBIRI, Carmem Castro. *Biografia de Xavier Zubiri.* Málaga: Ediciones Edinford, 1992.

8 Esta delimitação inicial acompanha a orientação didática de: TEJADA, 2011, p. XXXIV-XXXV.

9 NUNES, Antonio Vidal. "O Homem, deidade e Deus no pensamento de Xavier Zubiri: Uma reflexão inicial". *Sofia*, 2 (2): 88-103, dez. 2013 (Vitória/ES).

hipóteses ou objetivos bem organizados. É, além disso, o entrelaçamento de um método com uma ideia que pretende lançar luz em originalidades. Nesse sentido, a fenomenologia apresenta um método em muitas versões. Desde o seu nascedouro, com Edmund Husserl, a fenomenologia revelou questionamentos próprios em áreas distintas. Um início plural (física, matemática), com motivações diversas (lógica, psicologismo) e orientações singulares (epistemologia, ciência), fundo religioso (transcendental), o princípio das circunstâncias originou um pensamento autêntico sobre a existência em resposta ao empirismo e ao distanciamento das ciências dos eventos vitais. O ponto de partida, comum à maioria dos fenomenólogos, é o reconhecimento da estrutura intencional da consciência. O ato intencional, diferente da consciência entendida na atitude natural, denota a nossa relação direta – mas não previsível – sem intermediários mentais (representações), com as coisas mesmas, intuídas. Esse ponto de partida revela a característica essencial da subjetividade e seus atos de conhecer. A ciência acontece por processos de ideação e objetivação, tendo a sua origem em *atos intencionais* – ou atos que fazem da experiência conteúdos inteligentes: pode-se reter aqui a crítica zubiriana de uma ruptura com a ideia da objetividade racionalista ou idealista. A seu ver, a fenomenologia possibilitaria um horizonte (aberto por M. Heidegger) na história da filosofia, passando por uma ontologia e alcançando uma metafísica. Em suma, a fenomenologia possibilitaria, a rigor, a raiz e a conceituação da consciência.

A fenomenologia, enquanto fundamentação teórica, interessa-se pelo evento das coisas da vida. Não por acaso, Zubiri coloca o tema da *realidade*, o evento filosoficamente mais urgente, segundo a radicalização do nível pré-lógico, ao centro de sua filosofia como procedimento metodológico: *a realidade é tanto o fundamento quanto o pressuposto para o desenvolvimento filosófico*. A saber, "a realidade é o caráter formal – a formalidade – segundo o qual o apreendido é algo 'em próprio', algo 'de seu'".[10] Inteligência e realidade são congêneres em sua raiz própria. Não por acaso, Zubiri parte da fenomenologia: ao envolver inteligência e realidade para além da dicotomia realismo e idealismo, ele tenta superar o subjetivismo reinante na modernidade e o realismo ingênuo da filosofia clássica.[11] Entretanto, Zubiri supera a escola fenomenológica: para alguns, como Antonio Pintor-Ramos, Zubiri

---

10 ZUBIRI, Xavier. *Inteligência e realidade*. São Paulo: É Realizações, 2011, p. Iii.

11 Cf. GARCÍA, 2006, p. 43.

não termina na fenomenologia e nem se compromete a desenvolver seu trabalho como fenomenologia.[12] Há, em primeiro lugar, um *poder do real* determinante para o início do ato filosófico. Tal fundamentação já se encontra em sua tese doutoral, *Ensayo de una teoría fenomenológica del juicio*, defendida em 1921, e repercute a teoria da realidade formadora de mundos pelos atos sensoriais. A análise da realidade humana se apresenta como uma essência aberta, com a tarefa de "fazer a si mesmo", envolvendo inteligência, sentimento e vontade no poder de realidade. Dito isto, é importante frisar o movimento zubiriano das tradições filosóficas – a saber, a própria fenomenologia como tendência de seu tempo – para uma metafísica original e atual.

4.2. DA FENOMENOLOGIA PARA A METAFÍSICA DA RELIGAÇÃO

Não por acaso, Zubiri deixa a fenomenologia. Ele não renega a objetividade husserliana ingenuamente. A objetividade é, inicialmente, aberta pelo distanciamento e separação do sujeito na constituição do objeto. O ideal de objetividade é definido pelo "fato" ou "objeto" que se impõe ao sujeito pela pura racionalidade do fato. O sujeito deve, no movimento do distanciamento, esconder-se e desaparecer para permanecer os fatos apenas. Para tanto, Husserl concebeu a fenomenologia como a ciência das ciências: um método rigoroso que asseguraria os fundamentos filosóficos necessários para a investigação científica ser possível e produtiva a respeito do objetivismo.[13] Segundo o método fenomenológico, "subjetividade" não significa cancelamento de "objetividade". Na fenomenologia, a objetividade nasce da subjetividade. A objetividade e a subjetividade estão entrelaçadas e a compreensão do sentido de uma só é possível pela compreensão da outra; a fenomenologia aponta para uma objetividade da subjetividade humana na fenomenologia. Assim, a fenomenologia torna-se a ciência da subjetividade e o método que a possibilita: a ciência que mostra a objetivação do sujeito mesmo. A objetivação do sujeito que conhece, pelo método fenomenológico, é o caminho para compreender as outras objetividades constituídas pelo sujeito e as outras objetividades reveladas pela ciência empírica. Em síntese, a fenomenologia é um

---

12 Para mais informações sobre esta superação, cf. as obras *Realidad y verdad*, de Antonio Pintor-Ramos, e *Voluntad de verdad*, de Diego Gracia.

13 Cf. HUSSERL, Edmund. "Philosophy as Rigorous Science". *Phenomenology and the Crisis of Philosophy*. Nova Iorque: Harper Torchbooks, 1965, p. 71-72.

método que busca conhecer o sujeito que faz a ciência e o sujeito para quem a ciência é feita. Entretanto, para Zubiri, a fenomenologia em si não daria conta da realidade. Influenciado por Heidegger, Zubiri assume "a constituição de um âmbito filosófico de caráter ontológico".[14] Em outras palavras, Zubiri procura transformar a fenomenologia para além da consciência, de J. Ortega y Gasset, e da compreensão do ser, de Heidegger.[15]

De fato, a fenomenologia de Zubiri se distancia do projeto idealista de Husserl em direção à radicalidade da realidade,[16] na qual a razão opera num nível elementar. Zubiri buscou superar o realismo tradicional e o idealismo moderno. O início fenomenológico, marcado pela sua tese doutoral, desenvolvido ao longo de sua carreira, reforçara os conceitos fenomenológicos mais elementares, como o retorno às coisas mesmas, o mundo da vida, a descrição imediata do ato de pensar. Entretanto, o ponto de virada encontra-se na estrutura entitativa, na qual Zubiri, conforme a primeira parte de *Natureza, história, Deus*, desvia a fenomenologia objetivista para a ontologia.[17] A virada ontológica possibilita o recorte didático em sua segunda fase,[18] ampliando, por fim, a fundamentação teórica para a sua terceira fase na mais aclamada trilogia da *inteligência senciente*. Nela, Zubiri desenvolve as três instâncias de seu método – realidade, logos e razão – sendo este percurso para o homem, mediante o ato de intelecção, o meio de apreensão de algo como real. A apreensão é o meio pelo qual a pessoa se insere na realidade. Trata-se de uma opção ao mesmo tempo forte e crítica em seu método: a sua análise fenomenológica não se voltaria, ao final, para o tema do sentido sensível, como o fez M. Merleau-Ponty, pois o realismo, opção motivada pelo seu tomismo, operaria na mais elevada erudição. No prefácio de *Inteligência e realidade*, Zubiri declarou: "Penso que inteligir consiste formalmente

---

14 Cf. ZUBIRI, 2010, p. 24.

15 Cf. CONILL SANCHO, J. "La transformación de la fenomenología en Ortega y Zubiri: La posmodernidad metafísica". *In*: SAN MARTÍN, J. (Ed.). *Ortega y la Fenomenología* (Actas de la I Semana Española de Fenomenología). Madri: UNED, 1992, p. 297-312.

16 Para mais informações a respeito da bifurcação dos caminhos entre Husserl e Zubiri no método fenomenológico, cf. RAMOS, Antonio Pintor. "En las fronteras de la Fenomenología: La noología de Zubiri". *Cuadernos Salmantinos de Filosofía*, 21: 245-284, 1994; *id.* "Zubiri y la fenomenologia". *Realitas*, III-IV: 389-565, 1979 (Madri).

17 Cf. ZUBIRI, 2010, p. 51.

18 Segundo Juan Jose García, a fase contempla os anos 1931 e 1944, época na qual nasceu *Natureza, história e Deus*. Cf. GARCÍA, 2006, p. 18.

em apreender o real como real, e que sentir é aprender o real em impressões".[19] E, na conclusão de *Inteligência e logos*, Zubiri conclui tal diferenciação reforçando o carácter do sensível do carácter da apreensão – sendo esta última, a apreensão, a percepção fenomenológica que retém o real.[20]

A discussão do ser é colocada ao centro pela apreensão da realidade e, principalmente, da deidade,[21] como não distintas do mundo e das coisas reais. Tal opção reforça a formalidade de realidade, isso é, a coisa apreendida na apreensão como o dado de real de "em próprio". A realidade das coisas implica uma condição de poder sobre si mesmas e sobre as demais coisas, como também sobre o homem e vice-versa. O poder do real é a condição da realidade. Não se trata unicamente de um caráter ou de um perfil diferenciado de outras abordagens fenomenológicas: segundo Diego Gracia, a filosofia de Zubiri surge não como um confronto ao sistema aristotélico de natureza, mas como uma resposta fenomenológica ao sentido da realidade.[22] Isso significa, portanto, uma redução da realidade ao significado. Em outras palavras, ao invés do ser se direcionar às coisas com a objetividade intencional fenomenológica, antes de tudo, haveria uma atualidade da própria coisa circunscrita na realidade – conferindo, assim, um poder do real, autônomo e ratificado.

Em suma, para Zubiri, aquilo pelo qual denomina-se de deidade está inscrito nas próprias coisas, pelo "o quê" elas são em si mesmas – e, por isso, são ao mesmo tempo reais e deidéticas.[23] O acesso à realidade se dá pelas sensações[24] que relacionam diretamente o intelectivo ao sensorial, formando uma nova abordagem de reflexão, inicialmente fenomenológica, pelo cruzamento (e soberania) do sensorial no acesso do conhecimento. Tal é a via que possibilita o momento noergético da apreensão cognitiva: a atração da realidade como uma

---

19 ZUBIRI, 2011c, p. Iiii.

20 A respeito da reabilitação da sensibilidade em Zubiri, cf. MINEIRO, Daniel Nuno Oliveira. *A verdade como encontro: Desde uma receptividade e uma materialidade*. Évora: Universidade de Évora, 2018, 375 p. (Tese de doutorado em filosofia).

21 A busca por um fundamento de realidade situado na relação do sujeito com Deus. O tema será abordado nas próximas seções do texto.

22 GRACIA, Diego. "Xavier Zubiri (1898-1983)". *In*: SECRETAN, Philibert (Org.). *Introdução ao pensamento de Xavier Zubiri (1898-1983): Por uma filosofia da realidade*. São Paulo: É Realizações, 2014, p. 28-29.

23 ZUBIRI, Xavier. *El problema filosófico de la historia de las religiones*. Madri: Alianza Editorial, 1994, p. 44.

24 Cf. ZUBIRI, 2011c, p. 98-102.

força, uma força última, possibilitante e motivante. Segundo Zubiri, "a força do real é o fundamento que funda dominando-me [...]. A dominação se efetua, por conseguinte, de maneira tal que somos ligados à força do real, mas a fim de que sejamos relativamente absolutos. Esse vínculo é uma 'religação'".[25]

4.3. Da religação

Dos conceitos básicos da filosofia de Zubiri, a saber, realidade, apreensão, substantividade, atualidade e religação, interessa-nos, a rigor, mais do que a superação metafísica da fenomenologia em Zubiri,[26] a compreensão das implicações da *religação* para pensar o tema de Deus como contribuição à filosofia da religião e um lugar original para Zubiri neste campo do conhecimento filosófico. Segundo Zubiri,

> [...] o desarraigamento da inteligência atual não é mais que um aspecto do desarraigamento da existência inteira. Só o que torne a fazer arraigar a existência em sua primigênia raiz pode restabelecer com plenitude o nobre exercício da vida intelectual. Já desde muito tempo esse arraigamento da existência tem um nome preciso: chama-se *religação* ou religião.[27]

Embora o poder do real seja uma das categorias mais importantes da filosofia de Zubiri – como também importa o percurso e o fundamento desenvolvido na trilogia sobre a realidade, o logos e a razão em diálogo com a inteligência –, é apropriado avançar para a religação, a despeito da extensão à inteligência senciente, como movimento didático para se compreender a própria realidade. Afinal, a religação, em Zubiri, apresenta-se como uma estrutura humana com a qual o ser humano é *re-ligado* justamente ao real e, especificamente, ao *poder do real* não rejeitado na existência.

> O homem não é apenas um nada sem as coisas, pois ele precisa ser feito sozinho. Não lhe é suficiente fazer-se com poder e ter, afinal ele precisa do impulso a ser feito. E esse impulso é uma versão intrínseca e

---

25 ZUBIRI, Xavier. *El hombre y Dios*. Madri: Alianza Editorial, 2012b, p. 82.

26 Para mais informações sobre a fenomenologia que se desdobra em uma filosofia e culmina em uma metafísica, cf. a abertura de *Natureza, história, Deus*: "Desde 1944 a minha reflexão constitui uma nova etapa: a etapa rigorosamente metafísica", p. 28.

27 ZUBIRI, 2010, p. 61.

formal do poder do real. O homem não é uma realidade pessoal, mas aguarda o poder do real [...]. Essa peculiar ligadura é apenas religação.[28]

A existência humana, desse modo, assim como experimentada na realidade, é entendida como uma religação com a profundidade humana. A profundidade implica precisão e medição ao buscar o fundamento da realidade independente de sua natureza. Em *El hombre y Dios*, Zubiri elabora a *via da religação* assumindo a religação como um fato ao mesmo tempo básico e também radical para a inteligência senciente.[29] Na análise histórica, há a experiência da religação ao lado da necessidade do estudo das possibilidades do real. Sendo o real a captura de fato do que é, pode-se falar de um estado primordial da realidade, acessível pelos sentidos humanos, que é o estado da religação: o problema fundamental de todo o ser. Entretanto, a filosofia baixou a realidade divina ao nível do ente e, segundo Gracia, subordinou, de certo modo, todo saber à lógica. "A 'via da religação' não constitui a prova 'de que há Deus, mas de que algo do que há realmente é Deus.'"[30] Desse modo, o *acesso a Deus* faz-se em um fato, deixando de lado as discussões da existência de Deus, uma vez que a experiência com Deus permite, segundo Zubiri, a ideia de Deus como a *realidade fundamental*.[31] Torna-se imperativo à reflexão de Deus o movimento da religação, pois "a 'religação' não nos abre caminho para uma 'realidade de objeto' chamado Deus, mas para essa 'realidade fundamental' intramundana, para a 'divindade' que é a 'força do real'".[32] O conhecimento – um dos assuntos mais caros a Zubiri –, portanto, realiza-se na relação do que é vivido e sentido na força do real. A religação participa da realidade e a reforça pelo seu fundamento último: "Quando a razão especulativa se pôs a especular e a teorizar acerca de Deus, os homens já estavam vertidos com antecipação intelectual para Deus".[33] A busca por um fundamento de realidade situado na relação do sujeito com Deus é o que Zubiri chama de *deidade*.

---

28 ZUBIRI, 2012b, p. 92.

29 ZUBIRI, 2012b, p. 128-132.

30 ZUBIRI, Xavier *apud* CESCON, Everaldo. "A 'Trilogia Teologal' de Xavier Zubiri: Contribuições e problemas abertos". *The Xavier Zubiri Review*, 9: 115, 2007.

31 *Realitas fundamentalis*, *In*: ZUBIRI, 2012b, p. 326.

32 GRACIA *In*: SECRETAN, 2014, p. 31.

33 ZUBIRI, 2010, p. 391.

Por deidade, Zubiri procura desvincular a noção tradicional de Deus da filosofia da inteligência. "Deidade não é Deus."[34] A deidade é a via de acesso a Deus. Dito isso, o conceito da deidade ajuda a pensar em Deus além de uma entidade,[35] num primeiro momento – a entidade histórica identificada no pensamento dos filósofos como um sujeito –, em direção à realidade – o poder do real – e sua força de religação, num segundo momento. Segundo Zubiri, "em última instância, o ser humano sempre terá tido como um poder de realidade esse caráter universal e dominante que a realidade, enquanto tal, possui sobre ele e sobre todas as coisas reais".[36] Trata-se de uma experiência concreta que se dá no âmago do ser. Em sua máxima "a religação é o vínculo com a realidade enquanto realidade para ser",[37] Zubiri, portanto, situa a religação anteriormente à religião. Na verdade, é a experiência concreta da religação que mais importa a Zubiri do que a religião. Nesse sentido, tendo na religação uma condição humana individual, histórica e social, o poder do real é, sobretudo, o poder da religação. Aqui, apesar de Zubiri não seguir a direção de Mircea Eliade (e outros hermeneutas da religião, como Rudolf Otto e Paul Tillich), percebe-se o aspecto anterior e universal da disposição ao sagrado. Tanto que esta é a tese de Enzo Solari em seu livro *La raíz de lo sagrado: Contribuciones de Zubiri a la filosofía de la religión*: a ideia de que o sagrado, antes de ser um elemento ao mesmo tempo fascinante e temeroso, como em Otto, ou ainda, irredutível e autônomo, como em Eliade, seria o *poder religante ao real*.[38] Diante dessas intuições, a condição em torno do problema de Deus – e o poder religante ao real – interessa, a Zubiri, mais do que a organização e a sistematização de uma religião em torno de suas crenças.[39] A religação é uma

---

34 "Deidad no es Dios". ZUBIRI, 1994, p. 43.

35 "Sin embargo, este poder de lo real, al que Zubiri llama 'deidad', no se identifica en primera instancia con Dios. No es Dios, sino la propia realidad intramundana en cuanto poderosa y religante". MORENO, Juan Pablo Nieva. "El acceso del hombre a Dios en Zubiri: La vía de la religación". *Enfoques*, XIII (2): 42, primavera 2011.

36 "[…] en última instancia el hombre há tenido siempre como un poder de deidad ese carácter universal y dominante que la realidad en cuanto tal tiene sobre él y sobre todas las cosas que son reales". ZUBIRI, 1994, p. 43.

37 ZUBIRI *apud* RAMOS *In*: SECRETAN, 2014, p. 79.

38 Cf. SOLARI, Enzo. *La raíz de lo sagrado: Contribuciones de Zubiri a la filosofía de la religión*. Santiago: RIL Editores, 2010, p. 150, 152 e 169.

39 Em seu texto "Em torno do problema de Deus" *(In: Natureza, história, Deus*. São Paulo: É Realizações, 2010), Zubiri restringe a discussão na religação. Já no texto póstumo, *El problema filosófico de las historia de las religiones* (Madri: Alianza Editorial, 1994), o tema da religação é pressuposto para os outros demais interesses avindos dele, como o Deus singular das religiões e suas representações.

atualização do ser na realidade[40] e todas as demais perguntas e questões oriundas de um posicionamento religioso podem ser trabalhadas (ou preenchidas) orientando-se pela inquietação motivante da fundamentação original.

Entendemos que a filosofia da inteligência de Zubiri, ao lado de sua disposição para o divino, pressupõe mais perguntas didáticas acerca do tema da religação e de Deus do que respostas definitivas. Entretanto, convém apresentar uma das indicações de Zubiri acerca da religação para preparar o problema de Deus a fim de fundamentar as próprias questões: "a religação não é senão o caráter pessoal absoluto da realidade humana atualizado nos atos que executa".[41] Em outras palavras, o ser humano, inserido na realidade absoluta e última, é dotado de inteligência e vontade, de modo que o ser está implantado no sujeito e este na existência. Há um projeto de realização engajado não apenas nas faculdades racionais e filosóficas, mas também religiosa na complexidade do viver e no compromisso de um viver. "A religação é então o fundamento de toda obrigação moral."[42] Com essa atestação, Diego Gracia intuiu a atualização da religação zubiriana para a *transcendência*. Segundo Juan Pablo Moreno, "a religação é uma atitude radical do homem diante da realidade das coisas, entretanto, não devido ao seu caráter individual de ser, mas por seu fundo genérico de realidade, isto é, na medida em que a realidade é a estrutura transcendental".[43] A atualização do real pela religação permite a Zubiri intuir a estrutura transcendental da realidade e, assim, apontar para o fundamento do ser para encontrar-se religado a tal fundamento. Trata-se, por fim, da máxima realidade, que é o poder do real na possibilidade de fazer-se a si mesmo na religação.

A pessoa, aberta a conteúdos concretos a despeito de qualquer situação, religa-se à força do real como resolução da aleatoriedade das coisas, como princípio de um preenchimento total com conteúdos concretos, como realização de conteúdos morais concretos. Por isso, trata-se de uma obrigação moral consigo e o seu próprio fundamento existencial. O ser humano "é uma realidade moral

---

40 MORENO, 2011, p. 45-47.

41 ZUBIRI, 2010, p. 396.

42 GRACIA. *In*: SECRETAN, 2014, p. 30.

43 "[…] la religación es una actitud radical del hombre ante la realidad de las cosas, pero no en virtud de su carácter individual de ser tales cosas, sino por su genérico trasfondo de realidad, esto es, en cuanto la realidad es la estructura trascendental". MORENO, 2011, p. 66.

porque precisa fazer-se a si mesmo".[44] Nesse sentido, "o homem é religado porque sozinho, não só tem a força de existir, como também a de realizar o próprio ser, de ser aquilo que é e que deve ser: uma pessoa".[45] Com esse fundamento – e um apelo à moralidade e ao ser da pessoa que filosofa –, entendemos a reflexão zubiriana desse modo, ao invés de contentarmo-nos com um teísmo sofisticado, como abertura para a percepção de Deus pela inteligência senciente. Em outras palavras, se sentimento e entendimento não podem ser identificados, ambos não podem ser dissociados, afinal, sentimento e intelecção são dois momentos de um único ato de apreensão.[46] Trata-se, portanto, de uma apreensão inteligível de Deus pelos sentidos dados na vivência da realidade. É nesta e por esta apreensão que o tema de Deus se faz mais do que presente.

4.4. A QUESTÃO SOBERANAMENTE EXTEMPORÂNEA: O PROBLEMA DE DEUS

"O problema de Deus é, em um sentido, questão soberanamente extemporânea",[47] declarou Zubiri na *Introdução ao problema de Deus*. Com essa frase, Zubiri abre o problema já pressupondo uma necessidade antropológica de Deus para além do tempo da tradição filosófica. Para nos mantermos nesta delimitação, pretendemos, ainda, recortar, em nossa pesquisa, a questão "o homem e Deus", tendo em vista que, segundo Ignacio Ellacuría, tal tópico é ainda ampliado, em Zubiri, em três momentos: o homem e Deus, a história das religiões e o cristianismo como religião singular.[48] Afinal, em entrevista, Zubiri considera os anos 1970 (até os anos 1980, a sua última fase filosófica) como "o período em que alcança a maturidade da abordagem do tema de Deus".[49] E, junto com essa abordagem,

---

44 CESCON, Everaldo. *Uma introdução ao pensamento filosófico-teológico de Xavier Zubiri (1898-1983)*, 2004, p. 281.

45 CESCON, 2004, p. 261; Zubiri: "Em torno do problema de Deus". *In: Natureza, história, Deus*.

46 "El modo de sentir por el cual nos hacemos cargo de la realidad es intelectivo, y la inteligencia es constitutivamente sentiente. Hay un acto único de sentir con un momento intrínseco inteligente o, lo que es lo mismo, hay un acto único de inteligir con un constitutivo momento sentiente." Cf. GARCÍA, 2006, p. 43.

47 ZUBIRI, 2010, p. 385.

48 CESCON, 2004, p. 262. A distinção de Ellacuría é encontrada na apresentação de *El hombre y Dios*. Madri: Allianza Editorial, 1984.

49 Para mais informações a este respeito, cf. a detalhada e incansável pesquisa de Everaldo Cescon, sobretudo a nota 136, em *Uma introdução ao pensamento filosófico-teológico de Xavier Zubiri (1898-1983)*, 2004, p. 262.

Zubiri atrela a ontologia da religação resgatando o poder do real para a busca por um fundamento existencial do indivíduo.[50]

Segundo Zubiri, a filosofia da inteligência atualiza o real e o ser nesse real – ou, se quisermos, uma ideia do real *além do ser*.[51] Logo, a questão de Deus faz-se uma constante no pensamento humano. Não por acaso, três grandes questões, segundo Everaldo Cescon, ao citar Ignacio Ellacuría, fundamentam a superação do subjetivismo antropológico de Zubiri (para além das perguntas kantianas do que se pode saber, fazer e esperar[52]): "Em que consiste inteligir? O que é a realidade? O que há acerca de Deus?".[53] Inteligir, *grosso modo*, seria a formalização da atualização do real enquanto real; realidade seria o lugar da operação entre inteligir e sentir; e Deus, de modo geral, o fundamento. Entretanto, ao tratar da realidade, mesmo diferenciando-se da tradição especulativa que caracterizou a filosofia da religião, Zubiri cuida para reservar ao problema de Deus um acesso diferenciado. A realidade de Deus distancia-se de todas as demais realidades e, ao mesmo tempo, é a mais próxima de todas as realidades. Há uma herança tomasiana no pensamento de Zubiri:[54] elaborado em *El hombre y Dios*, Zubiri parte do princípio de que entre Deus e o ser humano há uma distinção real,[55] sendo o real o apoio existencial para a realização de Deus na vida humana. Segundo Enzo Solari, acerca da ordenação do real para a fundamentação da experiência com Deus,

> Primeiro, a realidade é o apoio último porque ela é a última coisa: 'Dizer que algo é real é a última e mais elementar afirmação que se pode fazer

---

50 "A filosofia religiosa se limita a examinar a religião do ponto de vista do ser". ZUBIRI, Xavier. "Nota sobre a Filosofia da Religião". *In*: SECRETAN, Philibert (Org.). *Introdução ao pensamento de Xavier Zubiri (1898-1983): Por uma filosofia da realidade*. São Paulo: É Realizações, 2014, p. 113.

51 Influenciado por Platão, "Zubiri sustenta uma ideia do real 'além do ser'". CESCON, 2004, p. 281.

52 Cf. SOLARI, 2010, p. 161-164.

53 CESCON, 2004, p. 258.

54 Não trataremos diretamente de Tomás de Aquino – muitos trabalhos já elaboraram a influência e opção tomasiana de Zubiri, a saber, para citar dois, BELLO, Joathas Soares. "A religação do homem a Deus em Xavier Zubiri e Tomás de Aquino". *Coletânea*, ano XII (24): 234-252, jul.-dez. 2013 (Rio de Janeiro); GÓMEZ, Juan Carlos Infante. *Zubiri y Tomás de Aquino en torno a la existencia de Dios: contribuciones a la integración de las Quinque viae y la via de la religación*. Madri: Universidad Complutense de Madrid, 2017, 312 p. (Tese de doutorado). Atemo-nos na proposição da existência de Deus conhecida por si mesmo, realizado no poder do real, e o poder da atitude radical da atualização de Deus na tarefa filosófica de Zubiri.

55 ZUBIRI, 2012b, p. 354.

sobre este algo'. Segundo, a realidade é o suporte no qual é possível a realização da vida. Terceiro, a realidade é o apoio que impulsiona e impõe a realização. Devido a esses três momentos, a realidade é o mais próprio do eu – porque por ela podemos fazer a figura do nosso ser – e, ao mesmo tempo, o mais diferente do que é – porque é o que nos faz ser.[56]

A distância entre e a realidade de Deus e a do homem possibilita a realização enquanto ato de uma intenção "religacional" que acontece na tensão: a tensão se apresenta como a expressão humana e vivida da inquietude. Devido ao tom ontológico do problema, partindo da realidade como apoio pulsante para o ser, ao invés de se apresentar como um problema científico, o problema de Deus é um problema intelectual, isso é, "o homem põe em jogo sua inteligência para conhecer o que as coisas são em sua realidade".[57] Evita-se a redução do problema na investigação especulativa para abrir o tema aos fundamentos da existência e a constituição do eu diante da experiência manifesta. Alguns autores, como Antonio González e Everaldo Cescon, destacam o conhecimento da "trilogia teologal" para a compreensão e análise do pensamento zubiriano.[58] Nessa direção, José Luis Cabria Ortega sintetiza a filosofia da religião de Zubiri em três fases, a saber, a religação, a refração da religação na religião e o cristianismo, em sua singularidade, como religião de deificação. Interessa-nos, para o nosso recorte, a dialética entre *poder de realidade* e *poder de deidade*,[59] que se dá na acepção geral da religião.

Fala-se, portanto, de um poder do real em diálogo com o poder de deidade para o radical da realidade. Tais poderes representam o solo primeiro da reflexão zubiriana a respeito da questão de Deus em contraponto com o idealismo alemão, a ciência positiva e o agnosticismo científico. Demonstrar Deus apenas como

---

56 "Primero, la realidad es apoyo último, justamente porque es lo último que hay en las cosas: 'decir de una cosa que es real es lo último y más elemental que se puede decir de ella'. Segundo, la realidad es apoyo que posibilita la realización de la vida. Tercero, la realidad es apoyo que impulsa e impone dicha realización. Por estos tres momentos, la realidad es lo más propio del yo –porque por ella podemos hacer la figura de nuestro ser– y, a la vez, lo más otro que é – porque ella es la que nos hace ser". SOLARI, 2010, p. 165.

57 ZUBIRI, 2010, p. 387.

58 Para mais informações sobre a "trilogia teologia", consultar: GONZÁLEZ, Antonio. *La novedad teológica de la filosofia de Zubiri*. Madri: Fundación Xavier Zubiri, 1993; e também CESCON, Everaldo. "A 'Trilogia Teologal' de Xavier Zubiri: Contribuições e problemas abertos". *The Xavier Zubiri Review*, 9: 111-130, 2007.

59 Cf. ORTEGA, José Luis Cabria. *Relacion Teologia Filosofia En El Pensamiento de Xavier Zubiri*. Roma: Editrice Pontifica Università Gregoriana, 1997, p. 254-257.

incognoscível seria, para a inteligência senciente, um prejuízo – e traição – da realidade, bem como a redução da questão a uma metafísica impediria a problematização de Deus pela realidade dotada de genuína inteligência. Zubiri ainda diferencia a força racional do caminho da especulação, de modo que o caminho levado a Deus pelo raciocínio não deveria ser identificado como o único caminho possível. Embora a antecipação intelectual para Deus seja comum para qualquer teoria do problema, não se deveria, ao intérprete, reter os desdobramentos apenas numa única lógica racional: a razão especulativa na filosofia grega, as religiões de mistério (vias cosmológicas), os padres latinos na Idade Média – "nem sequer a especulação escolástica é exceção a isso"[60] –, a razão na filosofia moderna (vias antropológicas) e as teorias interpretativas, em vez de se voltarem aos fatos. Segundo Cescon, "o seu ponto de chegada não é Deus enquanto Deus, mas uma realidade-objeto, que diz respeito somente ao homem e não envolve formalmente uma referência ao resto do mundo".[61]

Zubiri ainda delimita mais ao tratar de Deus: "não de Deus em si mesmo, mas da possibilidade filosófica do problema de Deus".[62] O que é mais original, aqui, é salientado por Cescon: "No que se refere a Deus, tudo inicia no fato imediatamente constatável da 'religação', baseado na força de imposição das coisas. Tal fato nos propõe o 'problema de Deus'".[63] Segundo Zubiri, o problema de Deus representa um *constitutivum formale*, e, portanto, um *necessarium* do ser humano enquanto tal.[64] Reservamos temas como a historicidade das religiões, a intelecção da obra de Cristo, a teologia cristã, criação e encarnação, bem como revelação e dogma – temas abordados, em determinados momentos, por Zubiri – para lançarmos luz à possibilidade filosófica do problema de Deus como essa necessidade quase vital e formalmente constitutiva da existência. Pelo *a priori* da existência do mundo exterior, Zubiri infere ser tal existência um fato dado à consciência. Assim sendo, a religação – que "é o elo com a realidade como realidade para ser"[65] – participa

---

60 ZUBIRI, 2010, p. 392.

61 CESCON, 2007, p. 114.

62 ZUBIRI, 2010, p. 405.

63 CESCON, 2007, p. 124.

64 ZUBIRI, 2010, p. 407.

65 "[...] la religación es la ligadura a la realidad en cuanto realidad para ser". ZUBIRI, 1994, p. 40.

da exterioridade do mundo exterior plasmando-se em religião.[66] Eis a tese central de Zubiri na obra *El problema filosófico de la historia de las religiones:* a experiência teologal da humanidade formaliza – e objetiva – a religação no mundo exterior segundo os condicionamentos paradoxalmente necessários ao se plasmar enquanto religião.[67] O cristianismo, devido à herança religiosa de Zubiri, prolonga o desenvolvimento da questão sob elogios (como um exemplo de religião singular) e sob críticas (como a unilateridade da religião cristã). Ao invés de analisarmos tal opção, restringir-nos-emos no que tange a Deus: o sentimento como órgão primário para se chegar a Deus.

Ao falar de sentimento é preciso retomar o projeto da inteligência senciente: a unidade estrutural entre inteligir e sentir. Ambos os atos intencionais são correlatos e participam do "acontecer humano". Independentemente das etapas de Zubiri no tema da religião,[68] há um fundo que perpassa todo o seu pensamento a fim de manter-se fiel ao seu projeto de atualidade e realidade na tentativa de descrever o processo de inteligência e compreensão humana. Por isso, Zubiri conclui: "A questão acerca de Deus se retrotrai a uma questão acerca do homem".[69] Trata-se de uma dimensão que perpassa toda a história da filosofia enquanto um *encontrar* e um *fazer* humano pela questão "qual é a relação do homem com a totalidade de sua existência?".[70] Há uma série de insuficiências diante da relação entre a existência e a totalidade: insuficiências das vias cosmológicas de acesso a Deus e das vias antropológicas de acesso a Deus,[71] aparecendo, então, a *via da religação* para dar conta do caráter missivo e impulsionante da existência: "estamos obrigados a existir porque previamente estamos religados ao que nos faz existir. Esse vínculo ontológico do ser humano é 'religação'".[72] Existir é *existir com*, por isso, religar-se, e

---

66 Segundo Ignacio Ellacuría, a religação é a base da antropologia zubiriana. Cf. ELLACURÍA, Ignacio. "Religación, actitud radical del hombre. Apuntes para un estudio de la antropología de Zubiri". *Asclepio*, 16: 97-155, 1964.

67 ZUBIRI, 1994, p. 86-98.

68 Para uma descrição detalhada dessas fases, cf. ORTEGA, Francisco. *La teología de Xavier Zubiri.* Huelva: Andaluza, 2000.

69 ZUBIRI, 2010, p. 409.

70 ZUBIRI, 2010, p. 311.

71 CESCON, 2003, p. 375-377.

72 ZUBIRI, 2010, p. 415.

a religação pressupõe a deidade: "a deidade mostra-se-nos como simples correlato da religação; na religação somos 'fundados', e a deidade é o 'fundante' enquanto tal".[73] Esse percurso zubiriano sintetiza a inteligência senciente ao concluir ser Deus o fundamento da existência por conta da capacidade intelectiva oriunda da própria questão de Deus: "'movemo-nos, vivemos e somos n'Ele'. E esse 'em' [n'] significa: 1. Estar religado. 2. Estar religado constitutivamente. Como problema, o problema de Deus é o problema da religação".[74] Portanto, o problema da religação é, a nosso ver, o ponto alto da questão sobre Deus e, ao mesmo tempo, a contribuição original de Zubiri à filosofia da religião enquanto disciplina acadêmica.

Sintetizando, o problema da questão de Deus em Zubiri então se apresenta como um problema ontológico. Na "Introdução ao problema de Deus", em *Natureza, história e Deus*, Zubiri parte do pressuposto de que a "ninguém se oculta a gravidade suprema do problema de Deus", concluindo: "por afirmações ou por negações, ou por positivas abstenções, a nossa época, querendo-o ou sem o querer, ou até querendo o contrário, é talvez uma das épocas que mais substancialmente vive o problema de Deus".[75] O problema de Deus não se restringe ao filosófico: alcança, inclusive, o nível léxico, psicológico e social em termos conceituais. A religação é um vínculo ontológico e possibilita a relação da pessoa com o seu fundamento.[76] Com essa herança, agora, podemos inferir um lugar original para Zubiri, pelo menos em diálogo, na filosofia da religião.

4.5. O lugar de Xavier Zubiri na filosofia da religião

A filosofia da religião, hoje, se compreendida como uma disciplina filosófica, pede por um método – a fenomenologia – e uma abordagem didática – a hermenêutica. Conforme vimos, Zubiri se distanciou da fenomenologia para

---

73 ZUBIRI, 2010, p. 418.

74 ZUBIRI, 2010, p. 419.

75 ZUBIRI, 2010, p. 384.

76 "Zubiri plantea el tema de la "religación" como un vínculo ontológico a lo que nos hace ser. La religación, aparece así como un nuevo modo de hacer presente y válido el problema de Dios en el contexto del pensamiento actual y, desde el primer momento va a vertebrar todo su discurso acerca de Dios, convirtiéndose en principio hermenéutico para todo el problema. Y esto es así porque el problema de Dios está ya planteado en la constitutiva religación de la existencia humana, que es la dimensión previa a toda demostración racional de la existencia de Dios". MORENO, 2011, p. 44-45.

aproximar-se daquilo por ele denominado de *filosofia da inteligência*.[77] Igualmente, ele não se inseriu na hermenêutica; pelo contrário, esse foi um dos motivos por distanciar-se progressivamente de Heidegger, ou seja, a forma com a qual Heidegger orientou suas reflexões na hermenêutica. Entretanto, mesmo deixando a fenomenologia num primeiro momento, há vantagens, a nosso ver, nesse lugar chamado "hermenêutica", cujo reconhecimento tem seu valor presente na tradição filosófica acerca do tema da religião, nas narrativas primordiais enquanto textos fundantes da humanidade, nas grandes questões guardadas pelas mitologias, no caráter linguístico de conceitos filosóficos não concebidos em termos de uma perspectiva poética, nas questões acerca da existência e do sagrado, etc. Embora a filosofia de Zubiri não aponte diretamente à uma teoria da linguagem, ao estudo das grandes narrativas ou ao caráter simbólico e metafórico na linguagem religiosa, tal lugar é uma opção, dentre tantas outras, das ciências da religião para a renovação desse campo do saber revisto pelo conceito da *religação,* propiciando releituras de características hermenêuticas. Inclusive, no próprio corpo de textos de Zubiri, retomando o projeto de Cescon, até mesmo para compreender-se a obra de Zubiri, uma leitura hermenêutico-sintética faz-se necessária.[78] Não pretendemos confrontar a filosofia zubiriana com a tradição hermenêutica: pretendemos estender a contribuição de Zubiri acerca da questão de Deus para a filosofia da religião de motivação hermenêutica. Afinal, quando se fala em filosofia da religião, suspeitas são levantadas pela tradição.

Os mestres da suspeita – K. Marx e a suspeita social, F. Nietzsche e a suspeita intelectual, S. Freud e a suspeita do indivíduo – tornaram o problema da religião ainda mais agudo na história do pensamento ocidental. A crítica da religião, afinal, muito dela, fora feita. Sem mencionar toda uma série de pensadores que se empenharam nessa crítica, como o desprezo de Marx em continuar tal tarefa, em sua referência a Feuerbach, sendo este um exemplo ilustrativo de um tempo que ainda é o nosso.[79] Na sequência, a abertura dolorosa do século XX pela declaração "Deus

---

77 Sobre tal opção metodológica, sugere-se, além da própria trilogia senciente, o referencial RAMOS, Antonio Pintor. "Ni intelectualismo, ni sensismo: Inteligencia sentiente". *Cuadernos Salamantinos de Filosofía,* 9: 201-218, 1982 (Universidad Pontificia de Salamanca).

78 CESCON, 2004, p. 241.

79 GROSS, Eduardo. "O caráter hermenêutico da filosofia da religião". *PLURA, Revista de Estudos de Religião,* 1 (1): 40, 2010.

está morto"[80] de Nietzsche. Tais questões, dentre outras, participam de um lugar comum na filosofia atual. Se o espaço para a filosofia da religião em si mesma já se percebe periclitante, segundo Eduardo Gross, a consideração da questão da verdade no seu âmbito – e toda a tradição resultando do encontro da cultura helenista com o cristianismo – tornar-se-ia ainda mais complexa.[81] Nesse sentido, só enquanto parte da tradição filosófica que forma a cultura ocidental, o estudo da filosofia da religião é uma necessidade.[82] A respeito desta necessidade, Zubiri declarou na abertura de *Natureza, história, Deus*: "Só agora, sem mundo nem Deus, o homem se vê obrigado a refazer o caminho da filosofia".[83] O caminho não deve ser refeito pela razão, uma vez que, afastada de Deus e das coisas, de posse tão somente de si mesma, "a razão tem de achar em seu seio os móveis e os órgãos que lhe permitam chegar ao mundo e a Deus. Não o consegue",[84] declara Zubiri, apontando em outra direção – a inteligência senciente –, distante do idealismo e do panteísmo do século XIX.

Tendo a intenção de aprofundar a filosofia da religião pelo tema da questão de Deus, Xavier Zubiri apresenta-se como uma fonte original de procedimento para tais questões, resgatando alguns pressupostos importantes para a tarefa da filosofia da religião.[85]

O artigo "Uma filosofia da religião cristã",[86] de Antonio Pintor-Ramos, e o livro *La raíz de lo sagrado: Contribuciones de Zubiri a la filosofía de la religión*, de

---

80 Cf. aforismos § 108 e § 125, *in*: NIETZSCHE, Friedrich. *A Gaia Ciência*. São Paulo: Companhia das Letras, 2011.

81 GROSS, 2010, p. 42.

82 Cf. ZILLES, Urbano. *Filosofia da Religião*. São Paulo: Paulus, 1991, p. 45.

83 ZUBIRI, 2010, p. 66.

84 ZUBIRI, 2010, p. 66.

85 Ainda assim é preciso dizer que, pelo teor do recorte, a extensão da filosofia do autor, evidentemente, não pôde ser completamente contemplada: há ainda temas como a religião no cristianismo, a questão de Cristo, a causalidade pessoal, a peculiaridade da presença de Deus, as coisas como presença de Deus, Deus como *quoad nos* (uma alteridade constituinte), até mesmo os modos de experiência de Deus. Para esses assuntos, recomenda-se, além dos textos de Everaldo Cescon: ROVALETTI, María Lucrecia. "Man, experience of God: The problem of God in Xavier Zubiri". *The Xavier Zubiri Review*, 2: 65-78, 1999; SOLARI, Enzo. "La filosofía de la religión de Xavier Zubiri". *Revista Agustiniana*, XLII (128): 517-635, 2001; TEIXEIRA, João António Pinheiro. "O acesso do homem a Deus em Xavier Zubiri". *Didaskalia*, 30 (2): 149-191, 2000 (Lisboa).

86 RAMOS, Antonio Pintor. "Uma Filosofia da Religião Cristã". *In*: SECRETAN, Philibert (Org.). *Introdução ao Pensamento de Xavier Zubiri (1898-1983): Por uma filosofia da realidade*. São Paulo: É Realizações, 2014, p. 77-107.

Enzo Solari, introduzem – e antecipam – um lugar para Zubiri na filosofia da religião. Entretanto, a despeito de suas contribuições, vale-nos a virada crítica no autor. Enquanto filósofo da religião, Zubiri oferece o caminho da fenomenologia para uma filosofia da inteligência; a dimensão senciente da apreensão humana; a dimensão inteligente; o horizonte da realidade; operações de transcendência e atualização do real. Nesse percurso, surgem os níveis do problema de Deus abertos pela religação:"pela religação é, pois, possível e necessário, a um só tempo, formular o problema intelectual de Deus".[87] Trata-se de um problema antigo ostentando, ao mesmo tempo, certa autenticidade, uma vez que, para Zubiri, a filosofia da religião, pensada com a inteligência senciente, não se encontraria num campo particular da filosofia, como ocorreria em tantos outros (como, por exemplo, na filosofia política, na filosofia da arte ou na filosofia da mente) para a reflexão acerca de Deus. A filosofia da religião pertenceria ao próprio âmago da filosofia. Não é à toa que Aristóteles denominou a metafísica de teologia, isto é, a teologia como a primeira filosofia. O objeto da filosofia da religião reclama centralidade, tanto em sentido cósmico quanto existencial.[88]

Evidentemente, a filosofia da religião faz parte de um segmento particular da filosofia. Entretanto, a centralidade – e a particularidade – deve ser considerada enquanto problema a partir do qual a atual marginalidade da mesma pode ser compreendida. "O problema", segundo Antonio Pintor-Ramos, é "encontrar o caminho que permita, em seguida, realizar a exigência de transcendentalidade".[89] Zubiri diferencia-se do caminho da filosofia moderna, fundamentalmente, em contraposição à filosofia na qual a reflexão sobre a religião possuía destaque. O início da modernidade se caracteriza por demasiados temas esvaziados na filosofia da religião – no sentido de que se percebia a necessidade de superar a forma anterior de refletir sobre ela – enquanto Zubiri busca o "razoável" da religião: alguns aspectos racionais na religião evitando "toda identificação entre o tema da

---

87 ZUBIRI, 2010, p. 428.

88 Neste sentido alguns autores, como Paul Tillich, não fizeram questão de distinguir o filosófico do teológico em seus trabalhos. Rudolf Otto, no prefácio de *O Sagrado,* pressupõe a experiência religiosa do leitor julgando que tal experiência poderá oferecer ao leitor uma melhor apropriação dos conteúdos. Mircea Eliade organizou seu trabalho filosófico em torno da religião de modo que um não poderia ser elaborado sem o outro.

89 RAMOS *In*: SECRETAN, 2014, p. 79.

religião e a teoria da racionalidade".[90] Afinal, o que interessa a Zubiri é trabalhar o poder do real além do poder racional, encontrando na estrutura da religação o fundamento real de cada indivíduo a despeito de qualquer movimento filosófico, racionalista ou fenomenológico. Aqui surge um lugar para Xavier Zubiri, ao lado de outros hermeneutas que encontraram na religião o espaço original de conhecimento e reconhecimento sensível da vida.

Dentre outras considerações possíveis para o problema de Deus – além da religação – e um fazer filosófico da religião atual, podemos reter algumas contribuições de Zubiri, a saber: *a tarefa filosófica para evitar convicções*. "Porque não se trata de dar forma intelectual às convicções, e sim de chegar a uma intelecção convincente."[91] Na sequência, Zubiri comenta sobre a religiosidade vaporosa – que se perde na via da religião positiva contente com as próprias convicções – e o perigo de se viver, em última instância, uma religiosidade sem sentido nem fundamento. Ainda assim, o próprio Zubiri, a nosso ver, sofre de uma convicção: dentre os aspectos críticos, há, para Zubiri, a *constatação*[92] de um sistema que necessariamente levaria o ser humano para o divino. Se por um lado Zubiri pretende uma universalidade da religião, dando voz a todas as religiões por meio de seu sistema filosófico, mesmo esquivando-se elegantemente da conceituação ou da tentação das provas para a existência de Deus, talvez o problema da convicção resida justamente na *constatação*. A preferência por um termo mais suave, como a *pressuposição* de Deus pela deidade, poderia abrir ainda mais o caminho do humano ao divino. Deus (ou o caminho a Deus) não se constata: é pressuposto. A pressuposição abre a deidade ao invés de fixá-la em detrimento de outras abordagens filosóficas. Ainda assim, há uma motivação sensível de um movimento de pensamento propício para o estudo rigoroso da religião, isto é, não dogmático, não confessional, interessado pelo fenômeno religioso em sua característica mais própria, necessário, conforme indicado, para a continuidade do estudo da filosofia da religião cuja contribuição zubiriana é desejada.

Percebemos, para efeito de diálogo com a área das ciências da religião, uma semelhança do trajeto zubiriano com o projeto de Paul Ricoeur: ambos preservaram

---

90 RAMOS *In*: SECRETAN, 2014, p. 83.

91 ZUBIRI, 2010, p. 385.

92 "Porque lo que estoy describiendo no es una teoría de Dios, ni una fundamentación; es pura y simplemente la constatación – el hecho inconcuso – de que en el hombre acontece, en esta forma de poder, el poder de la realidad, la deidad." ZUBIRI, 1994, p. 44.

ao longo de suas carreiras o tema da religião – e de Deus – indiretamente, por intermédio de análises fora de ambientes filosóficos. Ricoeur lecionou voluntariamente, por mais de uma década, no L'Institut Protestant de Thelogie de Paris,[93] ao passo que Zubiri tratou dos temas de Deus oralmente, baseado em anotações, em palestras e entrevistas (muitas registradas e preservadas na Fundación Xavier Zubiri). Dois filósofos cristãos que, em última instância, não procuraram fazer filosofia cristã: procuraram preservar os domínios de cada campo do saber. Em um, há uma dobra;[94] em outro, há a religação. Ambos colocaram na religião uma densidade ontológica para além daquilo que a filosofia poderia resolver.

Segundo Zubiri, "a filosofia da religião deve fornecer algo como as categorias ontológicas da realidade religiosa".[95] Restou a última intuição zubiriana: "a religião é uma forma do ser humano",[96] e essa forma apresenta características próprias: ela é pessoal e coletiva, temporal e histórica, altera e austera diante do ser supremo, profunda e radical. Dessa forma, a verdade filosófica, diferenciando-se da verdade científica, permite, segundo Zubiri, "perguntar igualmente em que consiste especificamente uma verdade religiosa".[97] Assim sendo, a questão do problema de Deus é a nossa questão primeira, profunda e fundamental.

Além das propostas apresentadas, por fim, além dos temas mais originais – como o Deus *senciente* e a realidade da religião como religação – é a conjugação e articulação dos momentos analítico e sintético no filosofar sobre o sagrado que resta. A motivação de uma analítica, acompanhando Zubiri, "não se trata de pensar *sobre* uma situação religiosa, mas *a partir de* uma situação religiosa".[98] Os momentos de situação religiosa representam, a seu modo, pela hierofania, um pouco da dinâmica da retenção e protensão husserliana, uma vez que ambos atos intencionais se caracterizam por um processo unificado de saber: a experiência religiosa

---

93 Não por acaso o *Fonds Ricoeur* – "Fundo/Fundação Ricoeur", órgão mais completo com livros de Ricoeur e sobre Ricoeur, bem como a biblioteca pessoal do filósofo – encontra-se abrigado nas dependências do *L'Institut Protestant de Théologie*, 83, Boulevard Arago, 75014, Paris, França; um misto de gratidão com missão para com o trabalho de Ricoeur.

94 Cf. SOUZA, Vitor Chaves. *A dobra da religião em Paul Ricoeur*. São Paulo: Kapenke, 2018.

95 ZUBIRI *In*: SECRETAN, 2014, p. 117.

96 *Ibid*.

97 ZUBIRI *In*: SECRETAN, 2014, p. 119.

98 ZUBIRI *apud* RAMOS *In*: SECRETAN, 2014, p. 87.

é um tipo de conhecimento e sabedoria da vida, sensibilizada e constituída pela manifestação do sagrado. O sujeito religioso, o *homo religiosus*, resiste à tentação atual que se esquiva do problema de Deus ao afirmar que tal problema não existe. Segundo Zubiri, "a prova não é tanto que Deus existe, mas que alguma coisa que existe é realmente Deus".[99] Esse Deus é um *inteiramente outro*, a transcendência, a antecipação e apreensão, a protensão e a retenção de uma existência motivada pelas questões de fundo, fundantes e fundamentais. A religação, novamente, é a atualização de todo o ser, e, por ela, prolonga-se a vida em direção a muitos outros sentidos possíveis. Tal é o interesse genuíno da filosofia da religião e o interesse deste estudo para a área das ciências da religião.

Considerações Finais

O lugar de Zubiri na filosofia da religião, portanto, vai além dos textos consagrados pela tradição por levantarem novas questões a partir de uma concepção do divino enquanto a religação primordial do ser humano ao seu poder de realidade.[100] "Ninguém se oculta da gravidade suprema do problema de Deus."[101] Com essa frase, Xavier Zubiri abre a seção dedicada ao tema da religião em seu primeiro livro – e, segundo alguns, sua mais genial obra.[102] Em sua intelecção, o homem chega a Deus como fundamento do poder de realidade. Segundo Enzo Solari, Zubiri pretendeu sintetizar, a rigor, os problemas filosóficos no problema de Deus.[103] Compreender tal problema ajuda a compreender a sua filosofia.

Dito isso, Deus não se apresentaria como um objeto qualquer ou como uma entidade desvinculada do mundo. Deus é intramundano, pois, para Zubiri, Deus se manifesta como um *fundamento de realidade* presente nas coisas reais, não se reduzindo a nenhuma dessas coisas. O que isso significa ao final? Independentemente se Deus apresentou-se ao filósofo, se Deus se fez presente na mais elevada filosofia da inteligência, se Deus foi acessível pelos sentidos primeiros, há, no fundo, uma

---

99 ZUBIRI, 2012b, p. 230.

100 Cf. ZUBIRI, 2012b, p. 44.

101 ZUBIRI, 2010, p. 383.

102 Cf. TEJADA, 2011, p. XIX.

103 Cf. SOLARI, Enzo. "La filosofia de la religion de Xavier Zubiri". *Revista Agustiniana XLII*, 128: 517-635, 2001.

disposição universal para a religação do fundamento e das coisas fundamentais na existência singular. Seria, portanto, a religação um anseio natural pela *presença*? A ausência de uma presença fundamental na realidade implicaria na disposição intencional para uma religação capaz de possibilitar a constituição humana – e, dessa constituição, quem sabe, um ser se faria presente.

Referências Bibliográficas

ALMEIDA, Custódio; OLIVEIRA, Manfredo. *Deus dos filósofos modernos*. São Paulo:Vozes, 2002.

BELLO, Joathas Soares. *Deus, experiência do homem em Xavier Zubiri*. Rio de Janeiro: Departamento de Filosofia, Pontifícia Universidade Católica do Rio de Janeiro, 2005, 108 p. (Dissertação de Mestrado).

BELLO, Joathas Soares. "A religação do homem a Deus em Xavier Zubiri e Tomás de Aquino". *Coletânea*, 12 (24): 234-252, jul.-dez. 2013 (Rio de Janeiro).

CAMBRES, Gregorio Gómez. *Imanencia y transcendencia en la realidad según Xavier Zubiri: El problema de la realidad personal*. Málaga: Universidad de Málaga, 1981 (Tese de Doutorado).

CAMBRES, Gregorio Gómez. *Zubiri y Dios*. Málaga: Edinford, 1993.

_____. *Zubiri: El realismo transcendental*. Málaga: Ágora, 1991.

CESCON, Everaldo. "A 'Trilogia Teologal' de Xavier Zubiri: contribuições e problemas abertos". *The Xavier Zubiri Review*, 9: 111-130, 2007.

_____. "Uma introdução ao pensamento filosófico-teológico de Xavier Zubiri (1898-1983)". *Síntese – Rev. de Filosofia*, 31 (100): 239-282, 2004 (Belo Horizonte).

_____. "O problema de Deus e do seu acesso e a experiência de Deus". *Teología y Vida*, XLIV: 373-394, 2003.

CONILL SANCHO, J. "La transformación de la fenomenología en Ortega y Zubiri: La posmodernidad metafísica". *In*: SAN MARTÍN, J. (Ed.). *Ortega y la Fenomenología: Actas de la I Semana Española de Fenomenología*. Madri: UNED, 1992, p. 297-312.

CRUZ, Jesús Sáez. *La accesibilidad de Dios: Su mundanidad y transcendencia en Xavier Zubiri*. Salamanca: Publicaciones Universidad Pontificia de Salamanca, 1995.

DIMAS, Samuel Fernando Rodrigues. "A ação criadora de Deus na filosofia teológica de Xavier Zubiri". *Cauriensia*, X: 489-505, 2015.

FOWLER, Thomas B. "Introduction to the filosophy of Xavier Zubiri". *The Xavier Zubiri Review*, 1: 05-16, 1998.

GARCÍA, Juan José. "Inteligencia sentiente, reidad, Dios: Nociones fundamentales en la filosofía de Zubiri". *Cuadernos de pensamiento español*, n. 30, 2006.

GRACIA, Diego. *Voluntad de verdad: Para leer a Zubiri*. Madri: Tricastela, 2008.

GÓMEZ, Juan Carlos Infante. *Zubiri y Tomás de Aquino en torno a la existencia de Dios: Contribuciones a la integración de las Quinque viae y la vía de la religación*. Madri: Universidad Complutense de Madrid, 2017, 312 p. (Tese de Doutorado).

GONZÁLEZ, Antonio. *La novedad teológica de la filosofía de Zubiri*. Madri: Fundación Xavier Zubiri, 1993.

GROSS, Eduardo. "O caráter hermenêutico da filosofia da religião". *PLURA, Revista de Estudos de Religião*, 1 (1), 2010.

HUSSERL, Edmund. "Philosophy as Rigorous Science". *Phenomenology and the Crisis of Philosophy*. Nova Iorque: Harper Torchbooks, 1965.

IGLESIAS, Fernando Llenin. *La realidad divina: El problema de Dios em Xavier Zubiri*. Oviedo: Studium Ovetense, 1990.

LACILLA RAMAS, Maria Fernanda. *La respectividad em Zubiri*. Madri: Universidad Complutense de Madrid, 1990 (Tese de Doutorado).

LIEBANAS, Ramón Mantinez de Pison. *La religación como fundamento de la questión de Dios en Xavier Zubiri*. Roma: Pontificia Università Gregoriana, 1981 (Tese de Licenciatura).

LINARES, Pedro Antonio Reyes. "El papel de la imaginación en el conocimiento de Dios". *The Xavier Zubiri Review*, 4: 133-146, 2002.

MILLÁS, José. *La realidad de Dios: Su justificación y sentido em Xavier Zubiri y Javier Monserrat*. Roma: Editrice Pontificia Università Gregoriana, 2004.

MORENO, Juan Pablo Nieva. "El acceso del hombre a Dios en Zubiri: la vía de la religación". *Enfoques XIII*, 2: 41-67, primavera de 2011.

_____. *La marcha del hombre a Dios en Zubiri: La vía de la Religación*. Saarbrucken: Académica Española, 2012.

NIETZSCHE, Friedrich. *A Gaia Ciência*. São Paulo: Companhia das Letras, 2011.

NUNES, Antonio Vidal. "O Homem, deidade e Deus no pensamento de Xavier Zubiri: uma reflexão inicial". *Sofia*, 2 (2): 88-103, dez. 2013 (Vitória, ES).

ORTEGA, Francisco. *La teología de Xavier Zubiri*. Huelva: Andaluza, 2000.

ORTEGA, José Luis Cabria. *Relacion Teologia Filosofia En El Pensamiento de Xavier Zubiri*. Roma: Editrice Pontifica Università Gregoriana, 1997.

PLADEVAL, Mercedes Vilá. *Las dimensiones de lo interhumano en la antropología de Xavier Zubiri consideradas en su apertura a la transcendencia*. Roma: Pontificia Universitas Lateranensis, 1998 (Tese de Doutorado).

RAMOS, Antonio Pintor. "Uma Filosofia da Religião Cristã". *In*: SECRETAN, Philibert (Org.). *Introdução ao pensamento de Xavier Zubiri (1898-1983): Por uma filosofia da realidade*. São Paulo: É Realizações, 2014.

ROVALETTI, María Lucrecia. "Man, experience of God: The problem of God in Xavier Zubiri". *The Xavier Zubiri Review*, 2: 65-78, 1999.

_____. *La dimensión teologal del hombre: Apuntes en torno al tema de la religación en Xavier Zubiri*. Buenos Aires: EUDEBA, 1979.

SANTAMARTA, Ceferino Martinez. *El hombre y Dios en Xavier Zubiri*. Salamanca: Ediciones Universidad de Salamanca, 1981.

SAVIGNANO, Armando. "La dimensión teologal del hombre en Xavier Zubiri". *The Xavier Zubiri Review*, 8: 5-16, 2006.

SECRETAN, Philibert (org.). *Introdução ao Pensamento de Xavier Zubiri (1898-1983): Por uma filosofia da realidade*. São Paulo: É Realizações, 2014.

SOLARI, Enzo. *La raíz de lo sagrado: Contribuciones de Zubiri a la filosofía de la religión*. Santiago: RIL, 2010.

_____. "La filosofía de la religión de Xavier Zubiri". *Revista Agustiniana*, XLII (128): 517-635, 2001.

SOUZA, Vitor Chaves. *A dobra da religião em Paul Ricoeur*. São Paulo: Kapenke, 2018.

TEIXEIRA, João António Pinheiro. *A Finitude do Infinito: O Itinerário Teologal do Homem em Xavier Zubiri*. Lisboa: Universidade Católica, 2007.

_____. "O acesso do homem a Deus em Xavier Zubiri". *Didaskalia*, 30 (2): 149-191, 2000 (Lisboa).

TOMÉ, Adeilson Pereira. *A relação entre Deus e o homem em Xavier Zubiri*. Porto Alegre: Pontifícia Universidade Católica do Rio Grande do Sul, 2017, 103 p. (Dissertação de Mestrado).

ZILLES, Urbano. *Filosofia da Religião*. São Paulo: Paulus, 1991.

ZUBIRI, Carmem Castro. *Biografia de Xavier Zubiri*. Málaga: Edinford, 1992.

ZUBIRI, Xavier. *En torno al problema de Dios*. Madri: Ediciones Encuentro, 2016 (*Opuscula philosophica*, 59).

_____. *Cinco Lições de Filosofia*. São Paulo: É Realizações, 2012a.

_____. *El hombre y Dios*. Madri: Nueva edición/Alianza, 2012b.

_____. *Inteligência e Logos*. São Paulo: É Realizações, 2011a.

_____. *Inteligência e Razão*. São Paulo: É Realizações, 2011b.

_____. *Inteligência e Realidade*. São Paulo: É Realizações, 2011c.

_____. *Man and God*. Maryland: University Press of America, 2009.

_____. *El problema teologal del hombre: Cristianismo*. Madri: Alianza, 1997.

_____. *El problema filosófico de la historia de las religiones*. Madri: Alianza, 1994.

_____. "La dimensión historica del ser humano". *Realitas*, I: 11-69, 1973.

_____. "Notas sobre la inteligencia humana". *Asclepio: Archivo Iberoamericano de Historia de la Medicina y antropología Médica*, XVIII-XIX: 341-353, 1966-67.

_____. "El origen del hombre". *Revista de Occidente*, 17: 146-173, 1964 (Madri).

_____. "El hombre, realidad personal". *Revista de Occidente*, 1: 05-29, 1963 (Madri).

5. As realidades no curso *"Filosofía Primera"* de Xavier Zubiri

*Alfonso García Nuño**

RESUMO: No curso inédito *"Filosofía primera"* de 1952-1953, X. Zubiri abordou as questões mais importantes da metafísica, ao expor sua ideia sobre essa ciência como "a ciência da realidade enquanto verdade" e não do ente enquanto ente; ele parte de uma exposição bastante ampla, ainda que insuficientemente madura, da inteligência senciente. Trata-se de um testemunho da evolução de sua filosofia num momento em que já tomou suficiente distância de *Naturaleza, historia, Dios*, o que leva a nos encontrarmos com não poucas das ideias de sua filosofia madura, mesmo que pendentes ainda de uma maior gestação e diversas mudanças. As realidades, dadas em impressão de realidade, são respectivas umas às outras e gozam dos caráteres de limitação, substratualidade e processualidade. É a partir dessa impressão de realidade que o filósofo espanhol vai propor, entre outras questões, as ideias do que seria "o que há realidade" e como seriam "as realidades que há". Responder a essas perguntas conduz X. Zubiri a se posicionar diante da distinção real ou não de essência e existência, a tratar como estão constituídas as realidades, a se distanciar da ideia clássica de substância para ir forjando a de substantividade e a considerar que as realidades não são somente aquilo em que consistem, mas também o que *de suyo* dão de si.

Palavras-chave: Realidade; essência; existência; substantividade; inteligência senciente.

---

* Pesquisador da *Fundación Xavier Zubiri* e professor da *Universidad Eclesiástica San Dámaso*, Madri – Espanha.

X. Zubiri (1898-1983), entre 1952 e 1953, ditou um extenso curso de 35 aulas, denominado *Filosofía primera*,[1] por ora inédito. Distancia-se no tempo de *Naturaleza, historia, Dios* (1944) e igualmente de *Sobre la esencia* (1962), o que faz dele um marco para apreciar o amadurecimento da filosofia do autor. Naquela dilatada exposição, a partir de uma versão bastante ampla da inteligência senciente, ainda que falte gestação e desenvolvimento até a afirmação da filosofia primeira a partir da realidade e não do ser, tocou as questões que, então, considerava mais importantes na metafísica. Centrar-nos-emos somente em duas: o que seria o *há realidade* e em que consiste essa realidade que há. Em nossa exposição, nos serviremos da transcrição mecanográfica da gravação das aulas, com algumas correções manuscritas do próprio X. Zubiri, guardada no arquivo da Fundación Xavier Zubiri (AXZ).

Naquela ocasião, X. Zubiri mostrava que a realidade tem um caráter sintático.[2] Isso não é algo que se alcance por especulação, mas é um dado e algo físico,[3] de modo que esse caráter sintático está dado na inteligência senciente, qual tem como fim não objetos, mas a realidade mesma. Logo, a conexão que há entre as coisas é real e efetiva.

Na inteligência senciente, portanto, as coisas estão presentes não sendo independentes umas das outras, uma vez que elas não se dão isoladamente. Entre elas, "as dependências podem ser mais diversas, mas todas as coisas dependem umas das outras. Dependem entre si e expressamos esse caráter de dependência dizendo que 'estão em conexão'" (060 09, 0021) e o mundo[4] seria "a conexão física de todas as coisas enquanto realidade" (060 09, 0023). Os distintos modos em que tal conexão se concretiza não pertencem à metafísica, o próprio dessa ciência seria essa conectividade física das realidades enquanto reais.

---

1 COROMINAS, J.; VICENS, J. A. *Xavier Zubiri: La soledad sonora*. Madri: Taurus, 2006, p. 569-573. As fontes de X. Zubiri publicadas serão citadas conforme as seguintes abreviações mais a indicação das páginas: *Estructura dinámica de la realidad* (EDR); *Escritos menores (1953-1983)* (EM); *Estructura de la* metafísica (EMT); *Espacio, tiempo, materia* (ETM); *El hombre y Dios* (HD); *Inteligencia y logos* (ILO); *Inteligencia sentiente: Inteligencia y realidad* (IRE); *Sobre la esencia* (SE). Sem pretensão de ser exaustivo em de temas e fontes, as referências a essas obras tem, em quase todos os casos, a finalidade de indicar passos relevantes, nos quais é possível apreciar como na Filosofia madura do autor aparecem, com não poucas modificações, algumas das questões que tratou em *Filosofía primera*.

2 AXZ, arquivo 060 09, pastas 0014-47. No corpo do texto, por economia de espaço, as citações trarão somente os números do arquivo e a pasta separados por vírgula, sem mais indicações.

3 X. Zubiri faz um uso muito próprio de "físico" (SE, 11-13): "Físico e real, em sentido estrito, são sinónimos." (SE, 12; IRE, 22).

4 EM, 205-209; IRE, 121-122.

Com relação a esse caráter sintático, X. Zubiri fala de respectividade,[5] sendo que "cada realidade é o que é e, entretanto, não é o que é, mas respectivamente a outra. [...] Cada realidade não é em seu caráter absoluto o que ela é, mas respectivamente às demais realidades" (060 09, 0033-34). Entretanto, as coisas reais não somente estão envolvidas por essa conectividade, como também gozam de suficiência e insuficiência, porque o que cada uma é o é em respectividade.

Pois bem, a respectividade não é algo consecutivo às realidades, nem a respectividade o é à margem das realidades, nem nada é real se não o é respectivamente: respectividade e realidades são congêneres. Não obstante, X. Zubiri considera que a respectividade goza de anterioridade às realidades respectivas.

Nessa respectividade, tem lugar a constituição das coisas reais e a sua manifestação. Em virtude da respectividade, as realidades têm seu próprio "si"; esse caráter sintático "é o que dá o caráter *de suyo* a cada uma" (060 09, 0049). Pois bem, respectivamente também se manifesta tudo o que é a cada realidade: "No caráter sintático da realidade temos, por um lado, o que essa sintaxe [*sic*] dá o 'si' e, além do mais, cada uma das coisas dá 'de si'. Nessa dupla dimensão, é o que consiste, na primeira, a constituição de cada coisa, e na segunda, a manifestação dela" (060 09, 0049).

Ao estar constituída cada realidade em respectividade, não somente está o que "seja em si", mas também o ser diferente das realidades a que é respectiva.

> Aquilo, em que se constitui a realidade de cada uma das coisas, é certamente uma realidade que é própria a cada uma delas, mas também aquilo precisamente em que cada uma delas difere de todas as demais. O que chamamos realidade de cada uma das coisas é algo precisamente 'diferido', isto é, o caráter sintático é aquele que dá lugar precisamente a que, por uma espécie de dimensão diferencial e diferenciante, constitua cada uma das coisas em que o que elas têm de diferentes; toda realidade é constitutivamente 'diferente' (060 09, 0047-48).

Logo, ao diferir umas coisas de outras, as realidades são determinadas entre as demais e esse "entre" é físico. Cada coisa é determinadamente diferente. Essa determinação não é por mera negação, isso é, por não ter propriedades. A determinação como negação é algo somente de segunda intenção, e a X. Zubiri interessa a realidade. A determinação é ter realmente algumas propriedades e carecer de outras. Isso tem um caráter positivo, "as carências que uma coisa tem e a posse de

---

5 Esta questão foi tratada pelo autor extensamente, em 1979, no artigo "Respectividad de lo real" (EM,173-215).

106 | Alfonso García Nuño

outras propriedades, certamente é limitação, mas, precisamente, nessa limitação está toda a força que cada coisa tem de ser o que é" (060 09, 0052). Por outro lado, cada coisa está constituída e está tendo alguns supostos. X. Zubiri chama isso *substractum*,[6] entendendo por tal "o suposto imediato de uma realidade" (060 09, 0054). Mas, também as realidades vão se constituindo em respectividade e processualmente; X. Zubiri indica que qualquer realidade está constituída "em 'função' de outras realidades e que, exatamente nessa estrutura funcional progressiva e processual, as realidades vão se constituindo efetivamente" (060 09, 0058).

Considerando esse tríplice caráter de limitação, substratualidade e processualidade, X. Zubiri aborda as duas perguntas que fazíamos sobre a realidade de cada coisa.

5.1. O "HÁ" DAS REALIDADES

A primeira, à qual X. Zubiri vai de encontro, é: o que é "que há realidade".[7] Pois bem, não é uma pergunta na qual o "há"[8] da realidade em conjunto esteja em questão, mas o que interessa a X. Zubiri é o "há" das realidades concretas, isto é, se trata de uma pergunta pelo "há" de uma realidade e não pelo "há" da realidade. Esse problema não pode ser abordado à margem das realidades, as quais são sempre em sintaxe com as outras realidades. Daí que X. Zubiri considere que, para o problema que agora trata, deve-se partir da inteligência senciente.

Na primeira aproximação, "'há realidade' significa [...], em última instância, que o que há é o existente" (061 01, 0010), que vai lançá-lo na questão clássica sobre a distinção real ou não entre essência e existência.[9] Contudo, X. Zubiri é do parecer que tanto *an sit* como *quomodo sit* são questões secundárias, porque são lógicas.

> O ser humano tem que se resolver com todo seu meio externo e interno sob uma forma concreta, que é justamente 'forma de realidade'. E esta realidade nos está dada constitutivamente na forma de impressão. Por isso, porque é impressão é senciente, e porque é de realidade, é inteligência. Temos que insistir na impressão de realidade como instância suprema para resolver as duas questões que nos propusemos: se há realidade e como é a realidade (060 10, 0014).

---

6 ETM, 475-482.

7 AXZ, arquivo 060 10, pastas 0008-67; AXZ, arquivo 061 01, pastas 0002-0010.

8 Com o passar do tempo, o "há" vai cada vez mais para um segundo plano (ILO, 349).

9 SE, 467-473; EM, 194-195.

Ambas as perguntas são possibilitadas por algo anterior a elas que, por um lado, é o que força abordá-las, mas, por outro, é aquilo que as sustenta e torna possível sua resposta. Daí que, por mais importante que seja o *logos*, o ponto de partida deve ser a inteligência senciente. Não se trata de que exista uma primeira impressão, na qual estivesse dado o conteúdo sobre o qual recairia uma segunda impressão, a própria que era chamada de forma de realidade[10] que seria a impressão da realidade. Nesta se dão ao mesmo tempo o conteúdo e o que há realidade; isto é, o que nos força a nos perguntarmos sobre que "há realidade". São duas dimensões inseparáveis de toda realidade na impressão de realidade. À primeira, chamou-se tradicionalmente de essência e, à segunda, existência. "Aqui se entende por essência pura e simplesmente aquilo que há e, por existência, o haver mesmo daquilo que há pura e simplesmente" (060 10, 0020). Toda realidade, sem deixar de ser uma, está articulada em essência e existência e "as duas questões lógicas de se uma coisa existe [...] e como é uma coisa partem constitutivamente deste caráter, de certo modo dual, mas unitário da realidade, em virtude do qual dizemos: toda realidade é existente e essencial" (060 10, 0023).

Essa dualidade não é a que existiria entre o que é e o ser. O ser, para X. Zubiri, era, naquele tempo, a presentidade do real[11] e tinha uma estrutura genitiva, distinta daquela da realidade; e ser é sempre do real e não do que é, isto é, do conteúdo. O que agora nos interessa são duas dimensões constitutivas do real. É um problema sobre a estrutura real do real e não do modo no qual possa se afirmar indicativamente algo de um objeto. Daí que a distinção entre essência e existência não seja também um problema objetual, mas tampouco é entre duas ordens distintas, entre algo real e algo ideal. Também não é um problema entre o possível e o real, já que não há mais essência do que a que realmente há. Nem a existência é um pélago que poderia comportar todas as coisas, pois não é simplesmente um predicado lógico.

> O que significa para esta cor verde estar existindo? Significa precisamente estar verdeando. Toda existência é concretamente este modo real e efetivo, esta maneira interna de existir. Outra coisa é um falso logicismo. Pretender que a existência seja uma espécie de vazio, isto é, do seu modo a maior de todos os vazios. Tão diversos como são as essências e, pela mesma razão, o são as existências; radicalmente, todas elas (060 10, 0040).

---

10 IRE, 35-39, 54-60.

11 Posteriormente, o ser será atualidade do real no mundo (EM, 213; IRE, 217-228).

Nem essência nem existência podem ser pensadas à margem uma da outra, o real não é o resultado da união de ambas, mas o real é uma unidade. São duas dimensões respectivas uma a outra e não correlativas.

> Estas duas dimensões, essência e existência, não são formalmente idênticas. Mas, apesar de não serem formalmente idênticas, também não são dissociáveis: cada uma remete constitutivamente à outra. Nenhuma essência, no sentido de conteúdo de uma realidade, é inteligível, se não é referida precisamente ao fato de que tenha realidade. Se não, seria um mero objeto de pensamento; porém, reciprocamente, nenhuma existência é efetivamente o que é, mas sim sendo precisamente tal ou qual modo de existência (061 01, 0003-4).

Das duas, a existência, entretanto, tem primazia sobre a essência. Isso não quer dizer que a essência tenha caráter potencial. Mas não é terra de ninguém entre existência e inexistência, nem só algo que tenha existência. A essência é o "tal" de um existir concreto, é sua talidade,[12] enquanto a atualidade da talidade é existência.

> Atualidade e talidade são nesta análise, portanto, dois momentos de uma única realidade real, a qual é uma e, além do mais, única. Precisamente nessa interna articulação entre talidade e atualidade, consiste na própria limitação do real. Efetivamente, nenhuma realidade é real, a não ser sendo tal ou qual e, reciprocamente, seu existir significa de tal ou qual modo. Talidade e atualidade são, em sua interna articulação, a expressão última e radical da limitação da realidade (060 10, 0047).

X. Zubiri se pergunta se a distinção entre essência e existência é real ou de razão. Tendo presente o debate entre tomistas e F. Suárez,[13] centraliza o problema na limitação da realidade.

> No fundo, o problema que aqui está sendo debatido é o problema do caráter interno, internamente limitativo da realidade. Para Santo Tomás, a realidade é limitada porque está composta de essência e existência. Por outro lado, Suárez dirá: 'A realidade é limitada intrinsecamente e por si mesma [...] e, precisamente por isso, precisa de Deus para existir. O que chamamos distinção entre essência e existência, diria Suárez, é pura e simplesmente os distintos aspectos que a limitação de uma coisa, por sua própria limitação, oferece à mente pensante, à inteligência que

---

12 A talidade será posteriormente o conteúdo que, em virtude da transcendentalidade da formalidade de realidade, é talidade (SE, 357-371; EMT, 163-165; 265-267; IRE, 113-126).

13 AXZ, arquivo 060 10, pastas 0048-65.

a considera. É, por isso, distinção de razão, com fundamento *in re'* (060 10, 0063-64).[14]

Para X. Zubiri, assim como para F. Suárez, não há distinção real, mas de razão, e seu fundamento está, certamente, na limitação, mas se deve procurá-la na respectividade das realidades.

> O mero 'estar entre' outras coisas é precisamente o que dá à realidade seu caráter existente; o 'como está' entre as demais coisas é o que lhe confere seu caráter de essência. A interna dualidade entre essência e existência é uma dualidade que se estabelece desde um ponto de vista meramente respectivo. É o respeito em que uma coisa está entre outras. E, reciprocamente, nesse dualismo se expressa ou, se se prefere, se atualiza a respectividade interna em certo modo da coisa consigo mesma. Essa respectividade interna é justamente a que expressa o conceito de limitação (061 01, 0005-6).

Trata-se de uma articulação interna da coisa consigo mesma. Enquanto a existência é imediata atualidade da essência, esta é mediação interna e constitutiva do existir. Isso permite a X. Zubiri se perguntar se em todas as coisas reais, pela articulação de essência e existência, o existente tem o mesmo caráter. Com o passar do tempo, essa será a oportunidade de falar de distintos modos e tipos de realidade.

5.2. As realidades que "há"

Outra coisa que tínhamos que nos perguntar era em que consiste a realidade daquilo que há.[15] Se nos conformássemos com o fato de que cada realidade fosse aquilo em que consistissem os predicados que lhe são atribuídos, "isso tornaria o sujeito da predicação, um 'x' indeterminado, cujas determinações estão, pura e simplesmente, nos predicados do juízo. Isto é, realmente a realidade seria ἄπειρο um indeterminado" (061 01, 0013). Mas há algo anterior a qualquer sistema de predicações: diante da inteligência senciente está dada uma realidade. Pois bem, toda coisa real é entre muitas outras e cada uma se caracteriza por uma articulação interna de propriedades.

---

14 X. Zubiri não considera que F. Suárez seja essencialista, porque não entende, como C. Wolf, que a existência esteja acrescentada à essência (AXZ, arquivo 060 10, pastas 0064-65). Por sua proximidade com a posição de F. Suárez, estaria negando ser ele mesmo essencialista.

15 AXZ, arquivo 061 01, pastas 0017-68; AXZ, arquivo 061 02; AXZ, arquivo 061 03.

Isso conduz X. Zubiri à pergunta, em primeiro lugar, pela unidade da realidade e será aí onde radicará a existência subsistente.[16] Na inteligência senciente, não há mera sucessão de impressões, mas, além de cada uma delas, tem lugar o caráter "outro" de ditas impressões, de modo que cada uma das impressões de realidade se apresenta à inteligência senciente como uma realidade determinada. Cada realidade se dá com um caráter graças ao qual é esta e não outra, o que nos fala de unidade. Mas não se trata da unidade do ser, porque esse é presentidade, mas unidade da coisa real.

Para X. Zubiri, "as coisas reais [...] se constituem dentro de uma sintaxe e sobre um *substractum*, se constituem sobre esse *substractum* limitadamente" (061 01, 0025). Portanto, as coisas vão se constituindo diferencialmente, vão se diferenciando. Esse diferir é algo físico e se dá de modos distintos. As realidades começam a diferir umas de outras desde o substrato sobre o qual estão constituídas, não a partir de um critério lógico. As diferenças se dão dentro dos *phyla*, "temos linhas distintas de diferenças e essas linhas não são independentes entre si; são linhas que, por sua vez, estão articuladas de certa forma" (061 01, 0029). Essas diferenças e aquilo em que coincidem podem ser em distintas dimensões, mas o mais importante são as que se dão na última linha. Trata-se do problema de gênero e espécie, não abordado lógica, mas fileticamente.

> Um gênero não se divide em espécie e uma espécie não se divide em indivíduos. A realidade é precisamente o contrário e os indivíduos coincidem parcialmente em uma coisa que se chama espécie e, em forma mais geral, o que se chama gênero. Não é um assunto de divisão, mas pura e simplesmente, um problema de coincidência. Logo, toda diferença se dá sobre um *substractum* e dentro de uma certa linha, que pode ser genérica e específica (061 01, 0031).

É dentro de uma linha onde se dá uma realidade diferente. Mas as diferenças individuais não são de concreção de caráteres com relação ao específico. A concreção não basta para determinar a diferença radical entre uma realidade e outra, o que faz com que seja única, que seja exatamente esta realidade e não outra. X. Zubiri chama esse caráter de "estidade", traduzindo o termo *haecceitas* de Duns Escoto.

> A realidade não somente é atualidade e talidade, mas também é radicalmente 'estidade'. A diferença entre dois 'estes' é ali onde está o modo

---

16 AXZ, arquivo 061 01, pastas 0017-68; AXZ, arquivo 061 02, pasta 0002-10.

mais profundo de diferir. Todo o resto está apoiado sobre isso. Esse caráter de 'ser este' é o que se chamou de individualidade. A diferença mais profunda é precisamente a diferença de duas ou várias individualidades (061 01, 0036).[17]

Essa individualidade não está definida por ocupar um espaço, nem por ter lugar em um momento, nem por ser identificável, nem por suas operações. Tudo isso só serve para saber quando estamos diante de uma individualidade, mas não nos diz nada do que faça com que a seja. X. Zubiri apresenta uma comum objeção às soluções clássicas dessa questão,[18] a partir da qual construirá sua própria solução; não é questão de se perguntar sobre o que acrescenta o indivíduo ao específico para ser o que é: "Não se deveria perguntar, ao contrário, o que a espécie deixa de fora para ser espécie e não ser indivíduo? Porque, naturalmente, uma coisa é o que duas realidades coincidam; outra, completamente distinta, que essa coincidência signifique participação individual no próprio caráter comum" (061 01, 0045-46).

A individualidade procede do substrato em que a realidade se constitui, é isso o que dá a "estidade". Esse substrato forma parte da realidade, e cada substrato, que tem sua própria organização e determinadas qualidades que fazem com que possa ser de uma determinada realidade. Esse substrato não é, portanto, a matéria-prima, nem sequer matéria-prima *signata quantitate*, que responderia somente a um tipo de unidade, à substancial; mas há realidades cuja individualidade não é substancial. Que a diferença individual venha determinada pelo substrato sobre o qual esteja posta uma realidade, permite falar de individualidades meramente numéricas e de individualidades que, além do mais, estão internamente qualificadas.

> Em sua dupla dimensão numérica ou internamente qualificada, toda realidade é intrinsecamente individual e o caráter último e radical dessa individualidade está precisamente sobre o *substractum* sobre o qual está posta. Por isso, aquilo que constitui uma realidade individual é [...] o vocábulo vago de 'organização', se preferirem, mais precisamente um sistema de caráteres. Uma realidade não está constituída por um conjunto de caráteres, dos quais seria um resultado aditivo, mas está constituída por uma série de caráteres que sistematicamente esgarçados cedem lugar a propriedades novas (061 01, 0050).

---

17 O termo "estidade" desaparecerá na obra madura de nosso autor.

18 AXZ, arquivo 061 01, pastas 0041-45.

A forma mais radical de individualidade não está caracterizada pela indivisão em si, mas quando além de ser um sistema indiviso em si também está dividido dos demais. Então, tem existência própria: "O modo radical de diferir não está constituído, logo, pela individualidade, está constituído por aquela individualidade que é capaz de ter existência própria, isto é, que seja capaz de subsistir" (061 02, 0005). Quando a constituição de algo dá lugar a uma existência subsistente, quando há, portanto, subsistência individual, mais que individualidade, há individuidade.[19]

O que não é usual, "muito mais que individualidades subsistentes, o que encontramos, na natureza, é algo assim como um progressivo movimento à individualidade subsistente" (061 02, 0007). A exceção seria o ser humano, porque graças à sua inteligência está aberto a toda realidade, incluída a sua; é essência aberta, as demais são fechadas.[20] Independentemente de como "se comporta formalmente, respeito à sua própria existência" (061 01, 0065);[21] não tem somente existência, mas a tem reduplicativamente – é sua. O ser humano tem personeidade,[22] "que é a existência própria, a existência subsistente" (061 02, 0010).

Uma vez tratada a realidade e a unidade da existência subsistente, X. Zubiri considerará o problema da substância[23] a partir de seu próprio ponto de vista.[24]

O conteúdo perceptivo se estrutura[25] progressivamente diante do ser humano como coisa[26] e, dessa organização, não é alheia a forma da realidade. Assim, "a coisa é, pura e simplesmente, esse caráter de realidade que tem a unidade do núcleo perceptivo" (061 03, 0016)[27] destacada sobre o fundo do campo de percepção. De modo que a coisa não é algo que esteja atrás das propriedades, nem é um simples quadro de qualidades sensíveis. Esses núcleos perceptivos estruturados

---

19 Posteriormente, a subsistência acabará por não ter nenhum papel na definição de individuidade e individualidade (SE, 489-491).

20 SE, 499-507, 515-517; EDR, 100-104.

21 Posteriormente, o decisivo não será a existência, mas a própria realidade (HD, 57-58, 351-353).

22 HD, 58-60, 353-357. Da pessoalidade também irá desaparecendo sua definição a partir da subsistência.

23 Sobre esta questão na história da Filosofia, AXZ, arquivo 061 02, pastas 0010-63.

24 AXZ, arquivo 061 03, pastas 0002-70; AXZ, arquivo 061 04, pastas 0002-10.

25 AXZ, arquivo 061 03, pastas 0010-13.

26 AXZ, arquivo 061 03, pastas 0003-21.

27 AXZ, arquivo 061 03, pasta 0004.

em forma de coisa trazem a X. Zubiri o problema do "caráter de substancialidade que podem ou não [...] ter as coisas" (061 03, 0021). Em todo caso, a organização do perceptivo como coisa põe entre parênteses abordar o problema da substância e dos acidentes a partir da diferença entre coisa e propriedade.

> O problema que temos que examinar, substância e acidente, não tem nada a ver com o problema coisa e propriedade. Precisamente, tê-lo homologado e identificado, foi um dos erros mais graves ao longo de toda a história da Filosofia. Substância não é coisa, nem propriedade, acidente (061 03, 0020).

X. Zubiri, para enfrentar a questão, descarta duas possíveis vias. Em primeiro lugar, a do *logos*, porque este se enfrenta com a realidade a partir da diferença entre coisa e propriedade, e não é isso que é abordado agora. Tampouco é questão de ser, porque o ser é presentidade e o que interessa é a estrutura da realidade e não a do ser. A convergência dessas duas vias conduziu ao longo da história a focar a questão no sujeito, de modo que terá que centralizar, agora, na realidade mesma, mas não a partir da perspectiva da diferença entre coisa e propriedade, mas a partir da suficiência.

> Não a diferença entre coisa e propriedade, mas a coisa inteira com todas suas propriedades [...] tal como está *hic et nunc*, se constituiu como tal dentro do contexto sintático do real e essa constituição é a que, de uma ou outra forma, expressa justamente o vocábulo suficiência; efetivamente, há um certo tipo de suficiência (061 03, 0025).

Esta suficiência não é para um uso, mas é para o existir na realidade. O que não quer dizer que seja *causa sui* como em B. Spinoza; não é um problema nem de persistência, nem de clareza.

> É a suficiência, pura e simples, para existir *de suyo* diante das demais coisas, mesmo que essa existência se deva precisamente a outras. Na respectividade, se constitui isso que provisionalmente vamos chamar só de unidade de notas, em virtude da qual a realidade que possui tem efetivamente [...] o que chamamos substantividade; substantividade para poder existir de determinada forma, com determinadas propriedades (061 03, 0026-27).

A substantividade,[28] assim entendida, não comporta a diferença entre coisa e propriedade; não é algo anterior às propriedades, mas está constituída por elas. Por

---

28 SE, 151-158; HD, 32-33, 329-330.

outro lado, ter suficiência exige um sujeito em que existir, de modo que é capaz de existir em si mesma. Isso não quer dizer que substantividade seja sujeito, ainda que por existir em si mesma possa sê-lo; a subjetualidade é derivada em relação com a substantividade.

A diferença entre substantividade e o que possa ter de insubstantivo nela é modal. A substantividade é um momento do real; há diferença modal entre umas propriedades e outras, pois umas conferem substantividade ao real, em contrapartida, há outras que não. Em qualquer dos casos, não é que os sentidos percebam diretamente os acidentes, e a inteligência perceba a substância, mas sim que os sentidos percebem coisas com propriedades e as percebem em impressão de realidade.

> É certo que formal e negativamente dito, chamamos substantividade, portanto substância, a tudo aquilo que é capaz de existir substantivamente sem um sujeito; porém, positivamente isso não nos diz nada; era mister chegar à análise positiva da substantividade, para descobrir que essa substantividade está na consistência de um substrato dotado de propriedades sistemáticas novas que constituem o que uma realidade tem de própria para existir sem sujeito em sua ordem (061 03, 0060).

A substantividade exclui ser parte de algo, uma realidade substantiva não é uma realidade parcial ou parte de algo. Positivamente, a primeira característica da substantividade é a consistência. Por conseguinte, as propriedades, graças às quais têm substantividade, lhe garantem certa unidade interna, são propriedades que unificam todas as demais propriedades; X. Zubiri chamava essas propriedades, naquele momento, de sistemáticas.

> Estas propriedades são, para efeitos da substantividade, aquelas propriedades que dão consistência às coisas [...], são propriedades em que a coisa tem consistência, em que a coisa consiste. A realidade não é só consistente, mas, pelo visto, o caráter peculiar dessa consistência é estar apoiado em algo 'no qual' a realidade consiste (061 03, 0036).

X. Zubiri não considera que aquilo em que consiste algo seja uma essência abstrata e comum a uma espécie; isso "supõe, sem mais, uma espécie de estrito paralelismo entre a estrutura formal do *logos*, o juízo e a estrutura formal da realidade" (061 03, 0038). Para ele, a essência é concreta, absolutamente individual. Mas também não considera que a matéria primeira entra na consistência da substantividade, que lhe faz ter um, digamos, peculiar hilemorfismo: "A consistência está determinada por umas propriedades sistemáticas que chamávamos, mais ou menos simbolicamente, a configuração que possui um substrato. Substrato e configuração sistemática, que se encontram em si [...] em relação de determinação e indeterminação" (061 04, 0003).

Toda realidade substantiva está constituída sobre um substrato, o qual é um momento seu; não fica fora, mas que lhe pertence; o substratual "não é senão o ponto de apoio para que possam se organizar as propriedades sistemáticas nas quais estão formalmente a substantividade de uma coisa" (061 03, 0047). Esse substrato não é pura indefinição, mas para poder servir de substrato imediato para a constituição dessa substantividade, está internamente qualificado; de modo que "se eu prescindo desse tipo de substantividade, certamente o substrato tem também uma substantividade própria" (061 03, 0052). Esse substrato imediato não só deve estar qualificado, como também deve ter certo grau de indeterminação para poder ser configurado. Por último, substrato não é sujeito de configuração. Não é, portanto, a matéria-prima de Aristóteles, é "aquele conjunto de supostos que efetivamente é imediatamente próximo à realidade em questão" (060 10, 0006).

A indeterminação está em relação com outro princípio, o de configuração que é princípio formal, contudo, não é a forma substancial de Aristóteles. Graças a esse princípio formal ou configurador, o indeterminado substratual é determinado a uma unidade, a uma substantividade. É em virtude das propriedades sistemáticas que o substrato seja atualmente aquela realidade de que é substrato.

> O momento do substrato não é senão o ponto de apoio para que possam se organizar as propriedades sistemáticas, nas quais está formalmente a substantividade de uma coisa [...]. O momento de substantividade não está no substrato, mas está precisamente nas propriedades sistemáticas que conferem ao substrato um novo tipo de substantividade distinto do que antes possuía. Isso é o único que existe de verdade na ideia da forma aristotélica (061 03, 0048).

A relação entre substrato e princípio configurador não é a que existe entre uma coisa e outra, porque o substrato não é uma coisa como tampouco é o configurador. Na unidade da substantividade, a diferença entre ambos é modal, é a que existe entre dois princípios que diferem da mesma forma como a atualidade e a mera capacidade.

> Quando dois aspectos da realidade constituem uma unidade desse tipo, isto é, uma unidade na qual não desparece a diferença entre potência e ato, mas na que a unidade é o tipo de unificação que o ato dá a uma capacidade, então e somente então é quando dizemos que há uma unidade por si mesma [...]. Não é uma unidade de ordem adventícia, mas é uma unidade [...] de ordem substantiva, o tipo de substantividade (061 03, 0051).

Como já dissemos, à margem de estar configurado o estrato, é uma substantividade de modo que a forma dessa substantividade pode ser potência para um ato superior. X. Zubiri faz ver que não está falando da forma substancial, por isso não seria uma aplicação da postura de Santo Tomás sobre o averroísmo com relação à pluralidade de formas substanciais em uma coisa só; nesse caso, certamente, uma coisa seria as duas ao mesmo tempo. Mas aqui a forma não é substancial.

> A última substantividade é a que confere o caráter unitário de unidade *per se* de toda realidade substantiva; mas de modo algum está dito que a realidade não possa ter distintas formas que, relativamente umas a outras, se comportem entre si na forma de [...] potência e de ato (061 03, 0055).

Essa visão nos coloca diante de uma descida que tem sua saída no ser humano, como já adiantamos. Cabe se perguntar, portanto, qual seria o substrato último considerando a questão para cima, e se esse seria uma substantividade.

> Não está dito em nenhuma parte que o substrato último que é a matéria não esteja composto, como Aristóteles pretendia, de matéria e forma, mas que seja uma matéria perfeitamente determinada em si mesma; que realmente a diferença entre matéria e forma começa a se delinear à medida que começa a se complicar a vida, a escala dos seres; o que a realidade neste caso nos apresenta não são substâncias mais ou menos ricas ou pobres, mas de certo modo uma organização progressiva e convergente que aponta a substantividade (061 03, 0061).

O que existe propriamente é uma gradação organizativa e progressiva orientada à substantividade, "na realidade, mais que substância, o que encontramos é um movimento progressivo rumo à substantividade, partindo da resistência dos corpos macroscópicos, passando pelos seres vivos até chegar na própria substantividade humana" (061 04, 0003).

Em todo caso, a indeterminação do substrato é abertura à configuração e, por isso, a um tipo de substantividade superior à sua; agora, essa abertura pode ser diversa, isso é, o tipo de potencialidade não é único.[29] Por outro lado, a nova configuração não tem que dar lugar a novas propriedades sempre, pode dar lugar a uma nova organização do funcionamento das propriedades prévias, o que nesse caso seria uma combinação funcional.[30] Além do mais, a unidade do substrato e as propriedades sistemáticas são uma unidade de ato e potência; entre ambos há diferenças, mas em unidade. Esse momento de unidade do composto é diverso conforme as substantividades.[31]

Mas não há só diferença de substantividades, também há entre o substantivo e o insubstantivo. Entretanto, a substantividade, mesmo estando determinada enquanto tal a existir, em relação à concreção é indeterminada.

> Toda realidade substantiva é [...] individual, no sentido que tem individuidade. Mas toda realidade, inclusive a humana, está sujeita constitutivamente a ulteriores determinações na ordem da concretização, diferença que expressamos dizendo que todas as realidades substantivas enquanto duram são sempre o mesmo. E nesse sentido [...], toda realidade substantiva é sujeito (061 04, 0006).

Ao insubstantivo, chamou-se usualmente de acidente. Para X. Zubiri, a substantividade não seria uma substância na qual alguns acidentes seriam inerentes, na linha aristotélico-tomista; tampouco é que as substâncias sejam realidades do mundo e os acidentes as impressões que se notam, como em J. Locke, nem como em F. Suárez, que seja a substância o núcleo causal dos acidentes.

A substantividade é, de certo modo, sujeito. Do modo como cada uma é, está aberto, em maior ou menor medida, um leque de determinações dessa substantividade na linha de sua concreção, mas não no sentido de que o insubstantivo determine a individualidade da substantividade; não se trata de acidentes individualizando uma substância composta de matéria e forma. A substantividade é sujeito porque "emerge, naturalmente, da própria condição da substantividade o 'estar sujeito a'" (061 03, 0066) determinações não relativas à individualização, mas à concreção. Ainda que X. Zubiri não goste da palavra acidente, não obstante a usa para se referir às determinações da substantividade; se esta é fundamento

---

29 No caso do organismo biológico humano, se falará de "estrutura meramente exigitiva" (AXZ, arquivo 061 03, pasta 0056).

30 ETM, 359-361.

31 Sobre a unidade no ser humano, AXZ, arquivo 061 03, pastas 0059-60.

118 | Alfonso García Nuño

daquelas, os acidentes são a inteira substantividade em determinações ulteriores de sua concreção, "são as determinações concretas mais ou menos variáveis que a substantividade inteira [...] adquire modalmente em cada uma de suas dimensões respectivas a outra realidade" (061 04, 0009).[32]

Portanto, os acidentes não são algo que acontece à substantividade, mas estão inscritos nela. Daí que, constituída a substantividade como algo individual, sempre seja a mesma, mas nunca, por estar sujeita à concreção, seja o mesmo. Essa ideia de concreção por determinações nos leva a outra questão importante: "se a substantividade define a realidade como algo que é em si, a ordem da concreção define a realidade por um novo caráter; não somente o que é em si, mas o que dá de si" (061 04, 0010). A realidade além de ser aquilo em que consiste, também é o que pode dar de si.

> A realidade não somente é algo em si e algo que dá de si, mas precisamente por dar de si é algo que de si, *de suyo*. Propriamente, a concepção da realidade como algo *de suyo* não é algo que afeta a substantividade, mas ao que efetivamente a substantividade já constituída pode dar de si. O 'de si' supõe sempre um 'si' e não se dá senão na ordem da concreção ulterior (061 06, 0003).

Como vimos, essa ideia do "dar de si *de suyo*" não aparece sem mais no curso "Estructura dinámica de la realidad", mas é anterior inclusive a *Sobre la esencia*. Outro tanto caberia dizer da ideia de inteligência senciente. Entre o curso em que nossa atenção se focou e seu grande livro metafísico, pelo que emerge nele como a ponta de um iceberg e o que encontramos em "Filosofía primera", cabe afirmar que a ideia de inteligência senciente de X. Zubiri era mais ampla do que aquelas páginas deixavam sentir e também continham uma clara evolução desde o que tinha chegado a pensar uma década antes. Outros muitos conceitos e ideias do autor também apareceram; simplesmente os constamos, o espaço do qual dispúnhamos não permitiu entrar no modo como foram evoluindo posteriormente.

---

32 X. Zubiri considera que, à diferença da teoria das categorias de Aristóteles, a sua é uma concepção que não parte do *logos* predicativo: "O fato de que o lugar que eu ocupo ou a cor que agora tenho efetivamente não tenham substantividade e, nesse sentido, sejam inerentes a um sujeito, isto é, que eu sou o sujeito dessa cor, é algo derivado radicalmente e fundado em algo anterior, em que estou sujeito a ter alguma cor [...]. Em cada determinação concretamente acidental a substância inteira está formalmente envolvida. É uma diferença puramente modal, a diferença que existe entre ter substantividade, estar sujeito a determinações concretas e ulteriores. A substância não é o suporte, mas o fundamento de suas determinações acidentais" (AXZ, arquivo 061 03, pastas 0067-68).

Deixemos para outra ocasião. Entretanto, pudemos apreciar a riqueza que esse curso brinda, que não se restringe ao pouco que expusemos dele e as possibilidades que oferece para a compreensão da evolução do pensamento de X. Zubiri.

REFERÊNCIAS

COROMINAS, J., VICENS, J. A. *Xavier Zubiri: La soledad sonora*. Madri: Taurus, 2006.

ZUBIRI, Xavier. *Estructura dinámica de la realidad*. Madri: Alianza/Fundación Xavier Zubiri, 1989.

_____. *Sobre la esencia*. Madri: Alianza, 1985.

_____. *Inteligencia y logos*. Madri: Alianza, 1982.

_____. *Inteligencia sentiente: Inteligencia y realidad*. Madri: Alianza/Fundación Xavier Zubiri, 1991.

_____. *Estructura de la* metafísica. Madri: Alianza/Fundación Xavier Zubiri, 2016.

_____. *El hombre y Dios*. Madri: Alianza/Fundación Xavier Zubiri, 2012.

_____. *Espacio, tiempo, materia*. Madri: Alianza/Fundación Xavier Zubiri, 2008.

_____. *Escritos menores (1953-1983)*. Madri: Alianza/Fundación Xavier Zubiri, 2006.

6. Reologia, em que consiste a novidade?

Carlos Sierra-Lechuga*

RESUMO: Este capítulo é uma breve introdução à "reologia" como disciplina filosófica autônoma, herdeira do legado intelectual de X. Zubiri e complementária à sua já sedimentada "noologia". Esta apresentação conta de vários momentos: a aproximação entre noologia e reologia como preâmbulo das exposições do método, do objeto e da esperada firmeza desta última. Que estas linhas sirvam de exortação aos pesquisadores "zubirianos" para que continuem a trilhar os caminhos abertos por X. Zubiri, porém de um modo não unilateral.

Palavras-chave: Metafísica contemporânea; D. Gracia; razão; ontologia; filosofia e ciência.

6.1. Introdução

Anteriormente, no IV Congresso Internacional X. Zubiri, em 2014, D. Gracia – meu mestre – nos apresentou, no México, a conferência "Noologia, em que consiste a novidade?", que em seguida foi publicada em seu livro mais recente, *El poder de lo real*. Neste trabalho, Gracia defendia a "impureza" da razão (em geral, se pode dizer: da inteligência) toda vez que ela, ao estar incardinada em uma apreensão

---

* Pesquisador da Fundación Xavier Zubiri, Madri – Espanha.

primordial de realidade, é sempre e só razão *senciente*. "Não há inteligência pura, nem razão pura, por mais reduções mentais que façamos" (GRACIA, 2017, p. 369).

Nesse sentido, a noologia zubiriana resulta ser novidade com relação a outras teorias da inteligência, porque dá conta de que o apreendido não é *noema* de uma consciência hipostasiada, tampouco a síntese que o "eu" põe *a priori*, nem o resultado abstrato de intelectos agente e paciente assépticos da αἴσθησις. Como já sabem os estudiosos de X. Zubiri e os noólogos em geral, o que acontece nos atos intelectivos é mera "atualidade", o apreendido *fica* como um conteúdo com *formalidade de realidade* graças ao qual não se trata de *ir* às coisas mesmas, mas de aprofundar nelas por sua realidade formalmente dada.

Essas notas características da noologia são amplamente conhecidas nos círculos de *scholars* zubirianos – coisa que pôde ser vista, por exemplo, no recente V Congresso Internacional X. Zubiri, na Itália. Mas, assim como noologicamente se afirma que não há "inteligência pura", também se insiste fervorosamente que devemos afirmar, de nossa parte, que também não existe "realidade pura". O que significa isso? O que segue representa minha posição diante do que acredito ser o clamor de todo *quefazer* filosófico autenticamente contemporâneo.

6.2. Reologia e noologia

Não há realidade "pura", dizia; isso significa que, assim como a inteligência senciente não é inteligência "pura", mas uma inteligência "aqui e agora", tampouco a realidade, porque ela não é as ideias platônicas, nem as causas exemplares, nem os transcendentais do ente, nem os possíveis, nem a coisa em si, nem as essências eidéticas, etc. A realidade também sempre é "aqui e agora", é realidade-*de* "esta coisa". Por isso, se a inteligência é inteligência senciente, temos que dizer, de nossa parte, que a realidade é "realidade estante" – para chamá-la de um modo positivo em sua "im-pureza". A realidade – como formalidade, se for melhor – *está* "em" as coisas e não fora, nem além delas, algo que apreendemos no ato impuro (isto é, senciente) de intelecção.

Isso significa que se noologicamente apreendemos a formalidade de realidade dos conteúdos da intelecção, não é menos certo que essa formalidade aparece sempre e só como formalidade *de* um conteúdo, isto é, que nunca apreendemos *pura* formalidade e que, portanto, se devemos aceitar a distinção entre realidade (formalidade) e coisa-realidade (formalidade mais o conteúdo), então temos que afirmar, com isso, que nunca existe só realidade, mas na medida em que há coisa-realidade; isso quer dizer que a realidade é *genitivamente de* a coisa-realidade. É o que pretendo dizer quando afirmo que é constitutivo de uma inteligência senciente uma realidade estante.

Pois bem, tendo em conta os muitos estudos sobre o ato "impuro" de intelecção, isso é, sobre a inteligência em tanto que *senciente*, parece-me que já é chegado o tempo de nós, as recentes gerações de *scholars* do legado filosófico de X. Zubiri, nos ocuparmos dessa "impureza" da realidade inteligida, não por ser inteligida, mas pelo que tem de realidade. Em outras palavras, que nos ocupemos da *estância*. De fato, dada a novidade da noologia, cabe se perguntar o que segue: por acaso não estamos já possibilitados para falar da realidade sem ingenuidades, mas também sem nos prendermos aos atos intelectivos?

Segundo meu parecer, a tentativa de X. Zubiri não foi ficar na descrição do ato [intelectivo] – se assim tivesse sido, teria avançado muito pouco com relação à fenomenologia –, mas falar da realidade sem ingenuidade. Pensar a realidade sem ingenuidades metafísicas é, de fato, pensar sua impureza, seu *estar* "aqui e agora". Se o assim chamado "realismo ingênuo" participou do preconceito da "pureza da realidade" (que se dá à representação), não é menos certo que aqueles que participaram do preconceito da "pureza da razão" pecaram pelo "idealismo ingênuo".[1] É preciso fazer essa denúncia.

Certamente, em filosofia, houve um "giro copernicano" que constantemente nos convidava a nos debruçarmos sobre o ato intelectivo, mas é certo que houve contragolpes: a razão conciliadora de G. W. Hegel, a práxis de K. Marx, a fidelidade à terra de F. Nietzsche, a intencionalidade de E. Husserl, o ser no mundo de M. Heidegger, a verificação empírica do positivismo lógico, a atualidade do mesmo X. Zubiri e, até, o surgimento de A. González: todos momentos estruturais de uma crítica ao criticismo. Quero dizer que com as ferramentas que a própria filosofia nos vem entregando, em sua estrutura histórica dinâmica, estamos possibilitados de ser críticos com o "criticismo" e de voltar, então, ao *estudo da realidade*, mas já sem a ingenuidade de sua pretensa pureza.

---

1 SIERRA-LECHUGA, C. "El idealismo y su orto: La confesion Agustiniana. Una lectura filosofica". *Razón y pensamiento cristiano*, 7, Doc. 1, 2018.

A meu parecer, essa "volta" é para o século XXI não uma opção que permita a eleição entre as várias na exposição de gostos intelectuais, mas uma exigência histórica, isto é, uma obrigação. Hoje podemos e devemos fazer um realismo que se ocupe da realidade sem ingenuidade, mas que, por isso, não seja menos realismo; um realismo que, à diferença do estritamente noológico, estude com relativa autonomia dos atos intelectivos – mas possibilitado por eles – essa realidade inteligida, não tanto pelo que tem de inteligida, como pelo que tem de realidade em e por si mesmo *substantiva*.

Ou seja, como essa realidade estante não é pura e nosso realismo não é ingênuo, a "ontologia" que *hoje* devemos fazer não será mais do ὄν ou do *ens* (isto é, ontologia clássica), contudo, poderá e deverá ser das *res* por quanto tomam (de *réus*) seu próprio modo de realidade (*realitas*), isto é, a pesquisa da realidade inteligida não *só* enquanto inteligida, mas enquanto *de suyo* substantiva, não como fim do ato intelectivo, mas como *constituição física*, será o que já em várias ocasiões anteriores me empenhei em chamar de "*reologia*".[2]

Por outro lado, onde está a novidade? A novidade da reologia consiste no que já dissemos: indica a impureza da realidade ou, positivamente, está no falar de uma realidade estante. Novidade "relativa" – sem dúvida – pelo que se dizia antigamente e, a seu modo, os escotistas que *nulla res differt realiter a sua realitate* (nenhuma *res* se difere realmente de sua realidade). Indicação não trivial que afirma que uma realidade estante está sempre presa (*rea*) *em* a *res* da que é realidade e que, portanto, não é nunca uma formalidade sem conteúdo, nem uma realidade sem coisa-realidade, nem *pura* realidade. Não é trivial, digo, porque é um esforço de pesquisa da razão senciente, que tem vários momentos e que não poderei mais que indicar.

6.2.1. Seu objeto formal ou método

O método da reologia é aprofundar-se *fisicamente* na realidade fisicamente presente. Como é sabido, noologicamente o que é físico se contrapõe ao que é estritamente conceptivo e a análise noológica do ato intelectivo é, por assim dizer, uma análise física. Isso quer dizer que não se trata de "multiplicar os entes" de razão, mas de atender ao ato mesmo *ex se*.

---

2 Foi o que fiz em minha conferência "*Noología y reología: El problema de los 'dos' realismos*" (Fundación Xavier Zubiri, 7 de dezembro de 2018) e em meus cursos "*La estructura de la realidad: un problema metafísico radical*" (2018) e "*Introducción al estudio de la realidad*" (2019).

Esse procedimento é análogo em reologia. O estudo que fazemos da realidade substantiva deve proceder *não* como o desenvolvimento dialético das categorias da razão, nem como a análise infinitesimal de proposições tautológicas, nem sequer como uma análise lógica da linguagem, nem semântica, nem de proposições pragmáticas. Deve ser uma autêntica escuta dos modos como a realidade se faz, fisicamente, presente não nos atos do *logos* senciente, mas também, talvez seja o principal, nos atos da *razão senciente*; por acaso, estar atentos a como a realidade se faz fisicamente presente em nossas melhores e mais bem-sucedidas teorias científicas. De fato, a reologia utiliza metodologicamente as ciências como o "filtro" que prepara os conteúdos para serem considerados mais ricos e profundos em sua formalidade transcendental.

Assim, para a reologia, as ciências são um momento de seu método, isto é, de sua via de acesso às realidades rumo às realidades mais profundas. As ciências exigem da filosofia atingir determinações concretas, servindo-a para evitar a inconstância ingênua da razão pura.

A situação de G. W. Hegel é, nesse sentido, paradoxal. Usando da pureza da razão (o que ele diz com o *absoluto*), afirma que "as ciências empíricas preparam o conteúdo do particular para que possa ser reassumido na Filosofia. Por outro lado, contêm a exigência, de cara com o pensamento, de que ele alcance essas determinações concretas. [Por isso, é que] a Filosofia deve seu desenvolvimento às ciências empíricas".[3]

Assim, a justificação ou, se quisermos, a *fundamentação* do que foi dito reologicamente não será "conceptiva", mas na forma de alguma "experimentação física de realidade"[4] que variará e dependerá em cada caso específico.[5]

---

3 "*sie [die empirischen Wissenschaften] vorbereiten so jenen Inhalt des Besonderen dazu, in die Philosophie aufgenommen werden zu können. Andererseits enthalten sie damit die Nötigung für das Denken, selbst zu diesen konkreten Bestimmungen fortzugehen. [...] die Philosophie so ihre Entwicklung den empirischen Wissenschaften verdankt*" (Hegel, Enz. § 12). Serão usadas as referências canônicas para as citações que assim permitirem.

4 Essa é a definição formal de "experiência". É também uma "exercitação discernente senciente". Vide IRA: 222 y ss. concretamente 227. É uma ideia que está latente na διαλεκτικὴ πειραστικὴ de Aristóteles (*Met.* 1004b26) que, de fato, é o modo como o Estagirita faz metafísica.

5 Diferentemente do que se pode crer, o fundamento não está oculto pelo fundado. Também não é que "o fundamento não aparece, só o fundado." São concepções erradas do fundamento. O fundamento também está "aqui e agora", precisamente no fundado; está nele exatamente como fundamento, isto é, fundando-o (IRA: 46 y ss.). Tenho um exemplo: a energia eletromagnética não está oculta atrás da luz, nem é certo que a luz aparece, mas a energia não. A energia "aparece" *na* luz, mas não aparece *como* luz; só a luz aparece como luz, a energia aparece como seu fundamento. Seria melhor dizer: está na luz que tenho aqui e agora, está aqui e agora como fundamentando a luz. "O fundamento é realidade,

6.2.2. Seu objeto material ou "objeto de estudo"

Aquilo com que se ocupa a reologia é essa suficiência constitucional física que *de suyo* dá de si. Se o "objeto material" da noologia é a realidade como "formalidade" entendida *grosso modo* como "modo de aparecer", a reologia atende essa formalidade como constituição física e transcendental das coisas mesmas. Essa constituição física e transcendental é formalmente uma *suficiência constitucional* que *de suyo* dá de si, isto é, uma "substantividade"; substantividade não é coisa, mas sua constituição física e transcendental: o que se chama de "estrutura (entendendo bem que toda estrutura é estruturação). Por isso, a realidade reologicamente considerada, isto é, relativamente autônoma com relação aos atos intelectivos, é composta por estruturas instanciadas em sistemas físicos, nos quais o decisivo não está nas notas como elementos seus, mas no momento que todo sistema, em tanto que estrutural, tem de *respectivo*; isto é, se trata da substantividade como modo de atualidade que ao mesmo tempo se reatualiza dinamicamente nos campos físicos de respectividade.[6]

Mais uma vez: para que isso não pareça uma ideação conceitual, os casos onde se acham as verdades do que é dito aqui e, ao mesmo tempo, onde o que é dito se comprova, se encontrar exemplarmente – ainda que não só – são as ciências. O assim chamado "colapso" da função de onda que determina um sistema quântico em um de seus estados anteriormente superpostos, ou o metabolismo como complexo de processos biofísico-químicos nos quais estruturas são conservadas e transformadas (como no famoso exemplo de X. Zubiri sobre a glicose[7]), ou a metamorfose que certos organismos vivos sofrem para se superarem, ou a atuação pervivente da passagem ao presente em que a história se constitui, ou a reconfiguração cerebral na "hiperformalização" são – entre outros – casos particulares da formalidade transcendental em que consiste a "*trans-substantivação por*

---

mas realidade cujo caráter de realidade consiste justamente em fundamentar realmente" (IRA: 47). Isto é, a energia eletromagnética não tem outro caráter que o de fundamentar a luz. "[...] o fundamental realmente. É, se quisermos, um apresentar o real não como algo que "meramente está", mas que ao se apresentar como "estando fundamentando" (IRA: 48), isto é, a energia eletromagnética não se apresenta como algo que "meramente está" (como a luz está), mas como algo que "está fundamentando" (a luz).

6 Dediquei minha conferência *"La realidad de los sistemas físicos"* (Fundación Xavier Zubiri, 3 de novembro de 2017) e minha tese doutoral *El problema de los sistemas desde la reología de Xavier Zubiri: Para una metafísica contemporánea de la sustantividad* (Viña del Mar - Chile, 2019) a isso.

7 ETM: 565.

trans-atualização"[8]. Isto é, há uma trans-*formação* de estruturas pelo modo como se tornam presentes em respectividade física.[9]

Assim, a filosofia atende esses casos da razão senciente científica para evitar ingenuidades e calibrar ou corrigir os possíveis erros da "percepção do dia a dia" (digamos, do *logos*), encontrando argumentos não triviais para sua tese sobre a fundamentação da realidade. E assim, de fato, como estamos dando o passo na metafísica contemporânea para abandonar a ideia de substância e superá-la com a de estrutura (por exemplo, nos chamados *structural realism, power structuralism* e, inclusive, *structural hylomorfism*).

6.3. Robustez teórica

A reologia é uma filosofia realista não trivial e robusta para o conhecimento *contemporâneo* do mundo, porque, em virtude do anteriormente dito, substitui oportunamente o estudo metafísico "do ser" ou "do objeto puro" e presta atenção à realidade como *constituição dinâmica de estruturas físicas*. Nesse sentido, é uma metafísica não só filosoficamente robusta (que reconhece o giro copernicano, mas também seus contragolpes), mas que também responde à exigência contemporânea de fazer filosofia *cientificamente responsável* (BRYANT, 2017), pois se perguntando sobre a realidade em sua constituição, estrutura e sistemas, está atenta ao que a física, a matemática, a biologia e outras ciências dizem.

Isso dá licença para sustentar a reologia como uma *filosofia primeira*. Filosofia primeira não é nem filosofia "sem pressupostos" (como se pensa às vezes), nem uma filosofia cujo princípio seja "absolutamente necessário" (*absolut notwendig*) ou "completamente puro" (*völlig rein*), como acredita E. Husserl.[10] Além de ingenuidade, isso é impossível – coisa que não se vê, além de tudo, por mais de um século. *Filosofia primeira é filosofia fundamental*, isto é, a que se ocupa dos princípios e dos fundamentos *mais profundos*, ἀκροτάτας, diria Aristóteles.[11]

---

8 RTE: 55.

9 Ao lado disso, afirmo que a partir daqui temos que repensar a ideia geral de fundamento: não como causa eficiente, mas como "causa" formal.

10 Vorlesung de Husserl, 1956. As expressões que ponho em alemão podem ser vistas na página 08.

11 Met. 1003a27. Damos a ἄκρο ("último") o sentido de profundidade. Também merece ser dito que nós não lemos αἰτί como "causa", mas como "fundamento". Também destacamos que em todo o livro IV da Metafísica, dedicado a esta ciência, não aparece jamais a terminologia πρώτη φιλοσοφία. Sua primeira aparição, no sentido técnico, está no livro VI (1026a24).

Nesse sentido, é primeira não porque começamos nossas indagações a partir de nada anterior, mas porque é *princípio* de tudo aquilo a partir do qual começamos; princípio de clareza.[12] O próprio Aristóteles dizia que "o último na ordem da análise é o primeiro no do fundamento",[13] de modo que "por si mesma" considerada – καθ'αὑτό – a metafísica é primeira em relação às ciências, mas para "nós" – πρὸς ἡμᾶς – vem depois delas porque deve "recobri-las" *transversalmente* como fundamento *transcendental* seu e, para isso, é mister atravessá-las. Por isso, nossa metafísica reológica, como dizia X. Zubiri[14] – mas também Tomás de Aquino,[15] é *transfísica*.

É demasiado dizer, então, que é falso afirmar que "a noologia é Filosofia primeira e a reologia, posto que está possibilitada por aquela, é Filosofia segunda". Não. A reologia é tão primeira quanto a noologia, porque não é mais um estudo dentro dos que existe "sobre a razão", é estudo da razão possibilitado e, antes de tudo, *exigido* pelo próprio estudo noológico. A noologia não alcançaria ser propriamente *filosófica* se não respondesse às suas próprias exigências, a saber, estudar *explicativamente* a realidade *descritível*, isto é, fazer reologia. Esta não é segunda em relação àquela; por ser o momento que a completa e funda, não se pode dizer que é outra, mas são a mesma metafísica – no sentido zubiriano mais preciso do termo –, ainda que em momentos distintos na marcha investigativa.

6.4. Conclusão

Como uma ferramenta filosófica (relativamente) nova, a reologia alcança seu lugar justo e razão de ser toda vez que indica que a realidade é sempre e só *realidade-de*, portanto, essa realidade se estuda ao mesmo tempo que se estuda aquilo *de* que é realidade. Nesse sentido, seu objeto formal é adentrar-se na realidade *in media res* de forma física e não conceptiva; seu objeto material é essa suficiência constitucional física que *de suyo* dá de si. Justamente com esses dois momentos,

---

12 PFMO: 26 y ss.

13 Eth. Nic. 1112b23: "τὸ ἔσχατον ἐν τῇ ἀναλύσει πρῶτον εἶναι ἐν τῇ γενέσει". Lemos γένεσις no seu sentido de "fonte".

14 PFMO: 16 y ss.

15 Os "transfísicos", dizia Tomás, são achados pela metafísica como "o mais comum", isto é, são o transcendental. "*Haec enim transphysica inveniuntur in via resolutionis, sicut magis communia post minus communia*" (Tomás de Aquino. *Met, prooemium*). Note-se bem: o transcendental não é, para nós, os transcendentais do ente, como também era crido por Tomás.

se diz que a reologia é filosófica e cientificamente responsável, assim como em futuros estados de maturidade, também será suficientemente robusta.

Estas breves linhas servem ao leitor de exortação para continuar o programa zubiriano de um modo não unilateral, mas completando-o com um estudo robusto e não ingênuo da realidade *qua* realidade. Se *hoje,* em filosofia, queremos incidir na pergunta *atual* pela constituição do mundo físico e obter resultados não triviais, temos que retomar os trabalhos reológicos que, outrora, estudiosos de X. Zubiri (e ele mesmo) começaram a desenvolver, mas que perderam o interesse dos acadêmicos por uma ponderação (às vezes excessiva) do momento noológico.

À diferença da noologia, a reologia não quer permanecer na descrição (do *logos*), mas pretende – aposta sem temor – dar conta explicativa da própria coisa, isto é, usar aquela razão *impura* que D. Gracia defendia em seu caráter senciente, ainda quando esse intento for algo que se deve "ir verificando"[16] lógica e historicamente.[17] Sirvam ao leitor, então, estas breves linhas de exortação para continuar não só o programa zubiriano, mas, antes de tudo e com mais pressa, a marcha geral do filosofar na atualidade, que nós mesmos prefiguramos, dentro da estrutura dinâmica da metafísica.

Assim, mais do que "metafísica contemporânea" (isto é, a metafísica de sempre, mas feita hoje), a reologia é, em primeiro lugar, *metafísica atual.* Aqui está a novidade.

REFERÊNCIAS

BRYANT, A. *Scientifically Responsible Metaphysics: A Program for the Naturalization of Metaphysics*. Nova Iorque: CUNY Academic Works, 2017.

GRACIA, D. *El poder de lo real*. Madri: Triacastela, 2017.

HUSSERL, E. *Erste Philosophie (1923/24) Erster Teil*. Haag: Martinus Nijhoff, 1956.

---

16 IRA: 268, 269. "Como se verifica, como se encontra na experiência do real o 'que' mundanal que esboçamos? [...] Digamos já de entrada que a pergunta que acabamos de formular não tem, nem pode ter resposta unívoca. A verificação é um momento dinâmico da intelecção racional. Não é só uma qualidade que o esboço tem ou não tem, mas a qualidade de uma marcha que leva a uma verificação. Verificação é qualidade essencialmente dinâmica: verificar é sempre e só ir verificando. E esse ir verificando é o que constitui a experiência." É a mesma ideia da *provação física da realidade*, latente em Aristóteles, como já dissemos em outra nota.

17 IRA: 305.

SIERRA-LECHUGA, C. "El idealismo y su orto: La confesión Agustiniana. Una lectura filosófica". *Razón y pensamiento cristiano, Vol. 7, Doc. 1, 2018.*

ZUBIRI, Xavier. "Reflexiones teológicas sobre la Eucaristía", *Estudios eclesiásticos*, 56 (216-217): 41-59, jan.-jun. 1981.

_____. *Inteligencia y razón.* (IRA). Madri: Alianza/Sociedad de Estudios y Publicaciones, 1983.

_____. *Los Problemas fundamentales de la metafísica occidental.* (PFMO). Madri: Alianza/Fundación Xavier Zubiri, 1994.

_____. *Espacio, tiempo, materia.* (ETM). Madri: Alianza/Fundación Xavier Zubiri, 2008.

7. Xavier Zubiri e o problema das categorias

Jesús Ramírez Voss★

RESUMO: Trata-se de situar o pensamento de X. Zubiri e sua teoria da inteligência senciente diante do problema filosófico clássico das categorias. Perguntamo-nos pela consideração que mereceram os sistemas categoriais aristotélico e kantiano, suas interpretações e críticas. Finalmente, apresentamos a alternativa original elaborada por X. Zubiri como resposta a esse significativo problema filosófico.

Palavras-chave: X. Zubiri; categorias; lógica; Aristóteles; I. Kant; inteligência senciente.

7.1.

O problema das categorias, desde o *Órganon* aristotélico ao primeiro volume de *Ideias* de E. Husserl, passando pela *Ontologia* de N. Hartmann e, naturalmente, sem deixar de lado a *Analítica transcendental* da crítica kantiana, é um problema recorrente em toda a extensão da nossa tradição filosófica. X. Zubiri não fugiu dele, nem o evitou. Muito pelo contrário, foi abordado logo no começo de sua trajetória profissional e, assim, como um sério *casus belli*, aparece já em sua tese doutoral, *Ensayo de una teoría fenomenológica del juicio* (ZUBIRI, 1999, p. 68-317). Era 1923 e o jovem X. Zubiri se perguntava pelo problema das categorias em consideração

---

★ Pesquisador da Fundación Xavier Zubiri, Madri – Espanha.

aos atos apreensivos imediatos da consciência, em concreto, na sua descrição do que denominava ali *intuição abstrata*. Ao mesmo tempo, X. Zubiri ia sintetizando os principais sistemas categoriais, deixando escrito "sem negar a utilidade desses pontos de vista [o autor se refere aos distintos sistemas categoriais que repassa], acredito imprescindível lhes conceder beligerância a todos e dividir as categorias em diversos grupos, segundo os diversos pontos de vista"(*ibid.*, p. 68-317).

O presente capítulo não se propõe a realizar um estudo crono-bibliográfico do problema das categorias em nosso pensador, não vamos perseguir obra por obra e etapa por etapa de sua consideração acerca desse problema filosófico desde sua juventude até a trilogia, em sua maturidade. Interessamo-nos pela primeira aproximação ao problema das categorias em X. Zubiri confrontado com dois grandes clássicos: Aristóteles e I. Kant. O assunto poderá ser completado em estudos posteriores ou por outros especialistas. Começaremos com o primeiro, com Aristóteles.

7.2.

Conta M. Zambrano que logo ao chegar à faculdade de filosofia, ainda localizada no velho casarão da Rua São Bernardo, deu de cara com as primeiras aulas de X. Zubiri justamente sobre o tema das categorias aristotélicas. Aulas que lhe pareceram uma *revelação fulgurante*. Tentamos verificar o porquê dessa declaração da pensadora de Málaga.

Em seu tratado sobre as categorias, Aristóteles dividiu as expressões em dois tipos: expressão sem enlace, como *homem*, ou como *é vencedor*; e expressões com enlace como *o homem corre*, ou como *o homem é vencedor*. As expressões sem enlace não afirmam nem negam nada por si mesmas, somente o fazem ligadas a outras expressões. Mas as expressões sem enlace ou termos últimos e não analisáveis se agrupam em categorias. O termo *categoria* significou habitualmente *acusação* ou *reprovação*. Nesse sentido, categoria se contrapunha ao vocábulo *apologia*, que, como sabemos, significava *defesa* ou *aprovação*. X. Zubiri afirma que Aristóteles emprega a palavra categoria como derivada do verbo *agoreuo*, cujo significado era falar em público, ou melhor, falar em praça pública e que, unido à preposição *katà*, acrescenta o significado de *dizer algo*. Não obstante, sempre que X. Zubiri alude ao tema no seu sentido etimológico, o traduz como *acusação*, por exemplo: "acusar em grego é *kategorein*. O que quer dizer Aristóteles é que no *logos* mais simples, de forma diáfana e sem nos darmos conta disso, os distintos modos de ser estão sendo acusados, as *categorias* ou os *modos de ser*" (*idem*, 1994, p. 58). Ou também: "o problema das categorias provém de Aristóteles inspirado em Platão. Para Platão e Aristóteles inteligir é declarar ou afirmar que o inteligido é. É a velha tese de Parmênides. A intelecção é o *logos* do ser, é *logos ousías*. No *logos*, os modos segundo os quais o inteligido "é" são acusados, os modos de ser são acusados. Como? O *logos* é complexão da coisa que se afirma e do que dela se afirma ou predica. Os caráteres do ser acusados nessa complexão predicativa são as categorias. Para Aristóteles, portanto, as categorias são os modos supremos do ente enquanto tal" (*idem*, 1983, p. 187).

Contamos, por exemplo, com a seguinte lista em *Cat IV* 1 b 26 e seguintes: *substância, quantidade, qualidade, relação, lugar, tempo, situação, posse, ação* e *paixão*. Outra lista, também de dez categorias, aparece no livro nono de *Tópicos*, mas na qual a expressão *ousía* é substituída por *tì esti*, e ainda outra lista distinta, dessa vez só com oito categorias (as anteriormente citadas menos *situação* e *posse*) é apresentada no livro quinto da *Física*. Tudo isso parece dar a entender que Aristóteles não considerava sua enumeração das categorias como algo fixado para sempre e que, em princípio, podia se descobrir que alguma categoria fosse redutível a outras, mas alguns autores não admitem essa interpretação e supõem que as categorias devem ser precisamente as dez indicadas. Com respeito a isso, X. Zubiri escreve que Aristóteles, ao longo de suas obras, só enuncia uma ou duas vezes (não especifica mais nada) a primeira lista de dez categorias, mesmo que em geral só fale de oito. Em todo caso, X. Zubiri acrescenta duas anotações: a primeira é que "o livro das categorias parece não ser aristotélico e é um livro escrito relativamente tarde, porque nele se fala já do *Lyceo*, reflete claramente, porém, o pensamento de Aristóteles" (*idem*, 2007, p. 199). A segunda anotação é "que vamos supor que são dez e admitir sua unidade. O sistema das categorias não tem um sistematismo fechado, mas, sim, vai além de todo sistematismo fechado" (*ibidem*, p. 199).

7.3.

Quais são os diversos grupos em que podemos classificar as categorias segundo os diversos pontos de vista? O primeiro problema das categorias é, por assim dizer, o problema de sua própria natureza: o de seu caráter intra ou extralinguístico, verbal ou existencial, ontológico ou epistemológico. As categorias são tipos de palavras? São tipos de coisas ou tipos de objetos? São conceitos com os quais se entende o ser das coisas? Para responder essas questões essenciais podemos eleger, entre muitas interpretações, por exemplo: a natureza das categorias é claramente linguística, de modo que as categorias seriam equivalentes a partes da oração e, logo, devem ser interpretadas gramaticalmente. Seria o ponto de vista de F. A. Trendelenburg. Outro exemplo: as categorias designam expressões ou termos sem enlace que, como o próprio Aristóteles deixou escrito, significam as *substâncias* ou significam o *tempo* ou significam o *lugar*. Seria uma interpretação semântica defendida por W. D. Ross. Outro exemplo: as categorias designam possíveis maneiras de respostas a um determinado grupo de perguntas: que é isso? Onde está isso? Como é isso? Este seria o ponto de vista de G. Ryle. E outro exemplo final, as categorias aristotélicas são redutíveis a morfemas pronominais (o que, quanto, qual), ou a preposições (respeito a), ou a advérbios (onde e quando) ou a diferentes formas verbais (voz ativa, passiva e média, com relação à situação; perfeito, com relação ao estado). Esta seria a opinião de É. Benveniste. Poderíamos, então, nos perguntarmos pela apreciação de X. Zubiri: com quem estaria de acordo? De quem discorda?

Em princípio, poderíamos encontrar em X. Zubiri uma atitude conciliadora, em claro contraste com o tom beligerante do que começamos falando: "A teoria das categorias foi um dos temas obrigatórios de toda teoria do conhecimento. Desde Aristóteles até nossos dias, se multiplicaram as divisões. Rigorosamente, não se pode dizer que nenhuma delas seja falsa, mas que não reflete mais que um ponto de vista" (*idem*, 1999, p. 249). Entretanto, descobrimos um ponto de vista próprio e muito original.

A ideia de X. Zubiri é que todas as interpretações favorecem o *logos* (a interpretação lógico-linguística) sobre o *ón* (a interpretação claramente metafísica), ou dito de outro modo, favorecem a natureza epistemológica do problema das categorias sobre a essencialmente ontológica, o saber sobre o ser. Tratar-se-ia, então, de admitir que o ambíguo ponto de vista aristotélico deriva no âmbito do *logos* em vez do âmbito do *ón*. Em seguida, isso se encaixará perfeitamente com a posterior consideração kantiana de que as categorias são modulações do juízo lógico. Dessa maneira, sem alcançar um mínimo acordo com nenhuma das opiniões anteriores, X. Zubiri afirma que "as categorias de Aristóteles tiveram influência decisiva sobre a gramática grega e não ao contrário. Cada categoria se entende por si mesma" (*idem*, 2007, p. 208).

As categorias, portanto, não têm uma fundamentação lógico-gramatical primária, não possuem natureza linguística. X. Zubiri rejeita igualmente a interpretação mais tradicional que, ao contrário da anterior, favorece o *ón* sobre o *logos*; foi a forma de ver as categorias como esquemas genéricos do ser. Essa interpretação foi aceita não só pela filosofia escolástica, mas mantida por muitos autores e historiadores modernos (É. Bréhier, O. Hamelin e outros) e, segundo a qual, as categorias aristotélicas expressam flexões ou casos do ser e podem, por conseguinte, ser definidas como gêneros supremos das coisas [*suprema rerum genera*]. X. Zubiri rejeitou categoricamente essa interpretação: "*Categorias* não designam, como se diz usualmente muitas vezes, 'classe' de coisas. A lista das categorias não é classificação suprema das coisas. Não se trata de 'classes' de coisas, mas de *modos* da coisa inteligida" (*idem*, 1983, p. 187). Qualquer interpretação que dermos às categorias aristotélicas para resolver o problema de sua natureza deve levar em conta o desenvolvimento intelectual de seu autor. Pode-se supor, de fato, que houve uma evolução no pensamento de Aristóteles que X. Zubiri indica quando avisa que *Categorias* é um livro tardio. Uma evolução, cujas principais e sucessivas etapas exigiram colocar alguns dos principais livros da *Metafísica* entre *Tópicos* e *Categorias*. Era a ideia de K. von Fritz. Desse modo, o sentido originário de categoria como acusação passou a significar *enumeração* e, portanto, deveria significar *enunciado*. Então, as categorias seriam isso, tipos de enunciados, os distintos tipos de expressar as coisas. Mas X. Zubiri rapidamente volta a nos dizer que não, que não são, de modo algum, tipos de enunciados: "Aristóteles, ao dividir o ser em muitos modos, dividiu o *ón* não os modos como se diz o ser, mas o ser dito por esses modos" (*idem*, 2007, p. 299). De fato, Aristóteles foi além dessa fase e, sem chegar à concepção puramente ontológica que caracterizava a doutrina platônica dos gêneros do ser, advertiu a necessidade de articular, já naquele momento, o ser *nos modos* como *dizê-lo* e logo nas formas como *aparece*. Disso brota o estudo das divisões do ser como tal, do ser em si mesmo e do ser pelo acidente. Sobre as primeiras divisões do ser como tal, se montaram uma série de modos que constituem predicações. *Predicamentum* foi o termo proposto por Boécio para traduzir ao latim *categoria*. Dessa forma, os motivos linguísticos, sejam gramaticais ou semânticos, se combinaram com os metafísicos. X. Zubiri advertiu (*ibidem*, p 199) que a tradução latina de categoria por predicado é perigosa, porque no problema das categorias não se trata da predicação; é, ao contrário, a predicação que supõe a categoria. O texto é o seguinte:

> As categorias não são predicações. Essa outra divisão não é da cópula lógica, mas do *ón* em si mesmo que tem um caráter peculiar: propriamente não é uma divisão entre dois modos diversos do ser, mas contraditórios. O ser *per accidens* é aquilo que não é per se [...]. O ser *katà symbebekós* se encontra caracterizado por não ser em si mesmo, problema que encerra a chave da frase de Aristóteles (à qual poucos deram atenção), quando diz que as categorias dividem o ser e ao mesmo tempo o não ser (*ibidem*, p. 299).

Uma vez que X. Zubiri se negou a admitir cada uma dessas interpretações, rejeitando, se não todas, as mais significativas (obrigando o inimigo a retroceder), se fazem duas perguntas: 1. Em qual sentido se encontra o ser como vértice das categorias? 2. Em que consiste o caráter plural das categorias com relação à unidade de sentido do ser em que se divide? A resposta à primeira pergunta é a necessidade de se ter em conta que todo *logos* é *um dizer algo de algo* e, ao se perguntar por esse *logos*, que seja para resolver a natureza precisa das categorias. A dificuldade, afirma expressamente X. Zubiri (*ibidem*, p. 203), está no termo *katà*. É justamente na interpretação que se faz da linguagem, do *logos* – não como um mero *dizer algo de algo*, mas como expressar algo *em tanto que* algo – que cabe a unidade de sentido do ser das categorias. Expressamos *algo de algo em tanto que algo*. Agora, nos explica X. Zubiri, esse *em tanto que* se diz em grego *katà* e pode ser expresso rigorosamente de muitas maneiras: "o em tanto que pertence ao *logos* e daí a expressão *categoria*" (*ibidem*, p. 202). Assumo que a interpretação zubiriana é simplesmente brilhante: o ser, ao envolver em si muitos sentidos, tem a possibilidade de expressá-los. E um ser pode se expressar por uma de suas notas, segregando um momento constitutivo seu e dizendo nele o que a coisa é. Esse, diz X. Zubiri, é o primeiro sentido da expressão aristotélica: *légein tì katà tinós*. A resposta à segunda pergunta é que esses muitos sentidos do ser *em tanto que* ser não estão isolados, mas toda coisa existe em união com outras. Cada momento do ser não pode existir senão existindo junto com os demais. Há vários modos de existir umas coisas com outras, modos variados do *katà*, do *em tanto que*; esses modos são as categorias.

7.4.

Temos que, nas interpretações de X. Zubiri, as categorias aristotélicas são maneiras de como *algo* se diz *em tanto que* de *algo*. A fórmula do *logos* da qual teria partido, então, Aristóteles, já não é o clássico "sujeito + predicado", isto é, o sujeito tem um predicado, mas o predicado expressa *em tanto que* o ser do sujeito. Por exemplo, o ser verde da mesa ou a mesa *em tanto que* verde. O ser fundamental se dá, então, quando não existe esse *de* – o sujeito sem mais, sem o problemático *em tanto que*. Ou como dizíamos no começo, a expressão sem enlace *homem, mesa* etc. Uma expressão da qual podemos afirmar ou negar seus respectivos modos de *katà*, modos do *em tanto que*; tradicionalmente, a substância diante dos acidentes. As categorias aristotélicas são, portanto, modos diversos de *estar algo* – o verde – em outro *algo* – a mesa –, sendo o segundo *algo* a substância ou categoria primeira. Para X. Zubiri, radical e determinantemente, esse é um problema agudo que constitui uma das pedras de toque da metafísica grega. O que é comum a cada um dos nove modos de expressar o *em tanto que* de algo é a exigência de que esse *algo* seja um sujeito, um *substratum*, algo que permaneça como sua base, um *algo* que em tanto que substrato de todas suas determinações e, portanto, de todos os acidentes, seja naturalmente a *substância*. No entanto e novamente contra a interpretação tradicional, escreve X. Zubiri que

> [...] *ousía* não é nada que tenha conteúdo, mas que é a substantividade do sujeito. As categorias são os modos diversos de implicar um sujeito. Cada nota não está dada em si mesma, mas com uma substância implicada. O que está dado em um *noeín* contém um *pollá*: daí, a possibilidade do *logos*. As categorias, que funcionaram como condições do coexistir, também funcionam como condições do predicar [...]. Aparecem, assim, as categorias como esquemas da predicação, mas não são modos desta, mas do ser e, por isso, em tanto que a predicação é do ser, as leva também sobre-entendidas (*ibidem*, p. 215).

Como sabemos, X. Zubiri destrinchou em *Sobre la esencia* todo esse mar de conceitos aristotélicos sobre a substância. O erro de Aristóteles, que chega a ninguém mais, ninguém menos que G. W. Hegel, consiste em ter colocado a estrutura formal do *logos* sobre o ponto de mira das coisas. Ser sujeito *em tanto que*, termo de algo expresso de um *logos*, não é em X. Zubiri descrição suficiente da realidade de algo enquanto realidade. O *logos* não é mais que uma via ou, também como diz X. Zubiri, um método, sempre o mesmo que conduz à predicação. O autor levou bastante a sério a tarefa de nos fazer ver que nem todo *algo* enquanto tal teria que ser forçosamente sujeito. Isso se deu precisamente para elaborar uma teoria da realidade que não a identificasse, sem mais, com substância, que tornasse idênticos *algo real* com *ser sujeito* e, para tal, introduziu a distinção de termos substância e *substantividade*:

> [...] chamei a estrutura radical de toda realidade, ainda que ela
> envolva um momento de subjetividade, de substantividade; à diferença
> da substancialidade, própria tão só da realidade enquanto subjetual.
> A substantividade expressa a plenitude de autonomia entitativa.
> A prioridade, em ordem à realidade enquanto tal, não está na
> substancialidade, nas na substantividade (*idem*, 1962, p. 87).

A filosofia aristotélica logificou as categorias, entendendo-as como modos, afinal de contas, do *logos* predicativo. A substância junto com as nove categorias restantes permanece radicalmente relegada a uma teoria da inteligência tradicional, a uma inteligência concipiente. Enfrentado com ela, X. Zubiri afirmava que o "essenciável" não é algo em tanto que predicado de algo, mas a realidade tal e como está dada em apreensão primordial. As coisas reais em tanto que essenciadas não são substâncias, mas substantividades e a essência mesma não consiste em subjetualidade, mas em tanto que funda uma mentalidade individual. X. Zubiri dedicou, entre outros, o parágrafo três intitulado *Carácter formal de la unidad de lo real* no capítulo oitavo de *Sobre la esencia* à descrição da substantividade. Não obstante, não podemos apresentar resumidamente neste artigo.

7.5.

I. Kant representa muito bem com sua teoria crítica o protótipo da filosofia moderna subjetivista e idealista que subordinou o saber filosófico à teoria do conhecimento. Segundo I. Kant, na versão que nos mostra X. Zubiri desde muito jovem, o entendimento é espontaneidade, isto é, se produz de si mesmo seus conceitos, ao menos em seu aspecto puramente formal. Desse modo, o entendimento se conhece por relações. E isso é o centro do assunto no que se refere ao problema das categorias. Pois bem, uma relação é algo que se funda em dois termos que podem ser dados, mas não dada com eles. Logo, a relação é algo que o entendimento acrescenta à intuição e ao conceito. Assim diz X. Zubiri: "é o fundamento conciso que é latente na obra kantiana e, com raras exceções, em toda a filosofia desde o século XIV. Por ele, toda essa filosofia, querendo ou não, é subjetivista" (*idem*, 1999, p. 245).

O produto do entendimento é o conceito. I. Kant distingue *conceitos puros* e *conceitos empíricos* porque, assim como a sensibilidade, também o entendimento contribui com seus moldes ou condições próprias *a priori*. Como é bem sabido, os conceitos puros do entendimento são as categorias. O material bruto com o qual o entendimento, de modo espontâneo, conceitua não é diretamente o material empírico, por assim dizer, mas a intuição sensível dentro de um espaço e um tempo como formas puras *a priori* da sensibilidade. As categorias kantianas são o que, por sua vez, o entendimento coloca sobre o fenômeno para o tornar inteligível e poder ser capaz de emitir um juízo. Inteligir, para I. Kant, é efetivamente julgar. Ele ordena as categorias em grupos, com base em juízos de doze tipos diferentes; este é seu *ponto a que aponta*. E X. Zubiri não o aceita em diversas ocasiões: "As categorias, nos dizem, se fundam nas estruturas do *logos*; constituem sua estrutura formal (lógica) e são a base de toda nossa gramática [...]. Esta concepção esteve presente em toda a filosofia europeia (G. W. Leibniz, I. Kant. G. W. Hegel)" (*idem*, 1983, p. 188).

O processo de dedução das categorias é complexo: a dedução transcendental das categorias é a explicação do modo como se referem os conceitos aos objetos *a priori* e se diferencia da dedução empírica, que indica a maneira como um conceito foi adquirido por meio da experiência e sua reflexão. A tabela kantiana das categorias é a seguinte:

1. De quantidade: unidade, pluralidade, totalidade;
2. De qualidade: realidade, negação, limitação;
3. Da relação: inerência e subsistência (*substantia et accidens*), causalidade e dependência (causa e efeito), comunidade (ação recíproca entre agente e paciente);
4. Da modalidade: possiblidade-impossibilidade, existência-não existência, necessidade-contingência.

Seguramente, faria falta uma referência direta para entender melhor a classificação, porém esse caminho não pode ser completado agora. Também é imprescindível deixar simplesmente anotado que o sentido construtivo dos conceitos puros do entendimento tem sua justificação em que só por eles o sujeito transcendental pode pensar os acontecimentos na natureza e concebê-la como unidade submetida a leis. Ao mesmo tempo, essa intelecção das intuições sensíveis por meio das categorias é possível porque há *sujeito transcendental*, consciência unitária ou unidade transcendental da percepção. Interessa-me recordar que em I. Kant a realidade – *Realität* – é uma das doze categorias. Realidade é uma categoria de qualidade cuja justificação vem dada, por sua vez, por um juízo de qualidade do tipo: "É certo que A é B". Realidade se opõe à negação – "A não é B": ser algo diante do ser nada.

E realidade se opõe a limitação – "A não é B": ser isso diante não ser aquilo. Isso vem a se identificar com o ser essencial, com o *esse essentiae* dos escolásticos, com a importante salvaguarda – esclarece A. Pintor-Ramos – de que seu caráter essencial é posto pela atividade sintética do entendimento (PINTOR-RAMOS, 1964, p. 61). As categorias kantianas são as condições de inteligibilidade do entendimento, vale dizer, princípios de unificação do que é múltiplo e que nos permite trabalhá-lo intelectualmente. As categorias são conceitos puros do entendimento que se referem *a priori* aos objetos da intuição, em geral, como relações lógicas. Não são conceitos gerais. Não são gêneros das coisas. Não são, menos ainda, ficções ou conceitos limites. Não descrevem a realidade, porque a realidade é uma dessas relações lógicas do entendimento. Tão só permite ligar certos fenômenos a outros de modo que é possível formular leis universais e necessárias.

I. Kant coloca a categoria de realidade no sentido de existência fática de confrontada, como digo, com a necessidade e a possibilidade. Tais categorias, evidentemente, não estão dadas por nenhum tipo de intuição e tampouco oferecem conteúdo objetivo ao conhecimento. O mesmo I. Kant[1] afirma que não ampliam em nada o conceito do qual predicam. A categoria de realidade fica, então, como uma determinação fática contingente e alheia à estrutura mesma das coisas. Nada, pois, mais distante da filosofia de X. Zubiri. E aqui é onde o autor espanhol estabelece uma discussão beligerante com I. Kant sobre como categorizar a realidade. Refutar o idealismo kantiano não significa, de modo algum, ter que se manter em um *realismo ingênuo*, não se deve obrigar a X. Zubiri que se entenda dentro do *realismo tradicional*. Realidade não significa uma região das coisas, delimitada diante de outras regiões. Realidade não tem a ver com nenhum modo de existência *extra mentis*. X. Zubiri, como sabemos, defende um uso do termo realidade no âmbito de experiência, no qual os problemas que pretendia solucionar não foram abordados nem por idealismo, nem por realismo. Por exemplo, a realidade não como relação sujeito-objeto, mas a realidade como *respectividade*. E, por isso, parece-me tão importante ter lembrado aquele texto de *Realitas* no confronto de X. Zubiri com a categoria kantiana de realidade. Para o autor não cabe falar de relações lógicas para descrever a realidade. Toda realidade é respectiva enquanto realidade: "Entendo que respectividade é um caráter metafísico da realidade e não simplesmente uma relação ou propriedade, entre outras, das coisas reais" (ZUBIRI, 1983, p. 13).

---

1 KrV, A 233-234 B 286.

X. Zubiri afirma que toda a filosofia clássica empregou esses dois vocábulos (relação e propriedade) sem suficiente discernimento e, com isso, se desentendeu de um momento fundamental do real enquanto real. A definição de realidade como algo respectivo implica, como todos sabemos, o *de suyo*, isto é, o que atua sobre as demais coisas reais ou sobre si mesma em virtude das notas que possui. *De suyo* não é a alternativa de X. Zubiri para a categoria kantiana de realidade. Coisa real é aquela que atua sobre as demais ou sobre si mesma formalmente em virtude das notas que possui *de suyo*.

Para X. Zubiri não se trata de um novo conceito teórico, mas de um momento da apreensão impressiva do real. E um momento da estrutura transcendental de realidade. O *de suyo* tem um momento primário que é a abertura à coisa mesma que é real. Tem um momento que é a *suidade* e tem um terceiro momento que é seu modo de realidade no mundo.[2]

A filosofia clássica entende por relação a ordenação ou referência de uma coisa real a outra coisa real. Toda relação tem dois relatos: são as coisas reais entre as quais se dá a relação. A referência própria da relação é referência de uma coisa à outra coisa. Relação, diz X. Zubiri, é *alteridade*. Mas essa relação supõe, ao mesmo tempo, a realidade de seus relatos, algo que sobrevém às coisas que já são reais anteriormente. Isto é, essas relações são *consecutivas* às coisas reais. O exemplo é o que Aristóteles chama de acidente, no sentido de ser algo que não tem realidade mais que em uma coisa previamente real. Assim também em I. Kant e sua relação lógica entre fenômenos e conceitos puros. Assim entendida, escreve X. Zubiri, a relação se transforma em categoria: é a relação categorial (*ibidem*, p. 16). Uma relação categorial é algo consecutivo à realidade de cada um dos relatos. E acrescenta:

> [...] para o relacionismo, o conhecimento é uma relação da inteligência com as coisas, ou melhor ainda, uma relação do sujeito com o objeto e deste com aquele. É relação porque nessa concepção se trata de duas coisas, de duas realidades: o sujeito e o objeto. Mas a relação mesma não é consecutiva ao sujeito, mas constitutiva dele, de sua inteligência. Então, o conhecimento seria algo que certamente concerne ao objeto, mas não segundo este, sim segundo ao que entra deste no que é a inteligência. É a inteligência mesma a que funda a relação de conhecimento [...]. O objeto consiste tão só em ser um esse *ad subjectum*. Logo, o relacionismo é trocado pelo relativismo. É um relacionismo subjetivo-objetivo (*ibidem*, p. 18).

---

2 Gracia D., em seu livro *Voluntad de verdad*, p. 180, oferece um excelente resumo do conceito de respectividade (GRACIA, 1986, p. 180).

Colocar a realidade como uma categoria significa cair nesse modo de relacionismo que trata de duas coisas, de duas realidades: o sujeito e o objeto, em que o objeto consiste tão só em ser um simples modo para o sujeito e, então, a realidade entre ambos se converte em algo adventício; pode ser trocado por relativismo. O que refuta X. Zubiri no pensamento de I. Kant é o fato de que em toda relação categorial há um estrato muito mais profundo que a relação categorial fundamentada só em um juízo lógico e em uma relação sujeito-objeto; um modo de relação que não suponha, nem condiciona a existência dos relatos. Trata-se de uma relação não-concipiente, que não depende de que o real seja algo dado pelos sentidos *à* inteligência, que conceba como fundamento o que julga logicamente. Como sabemos, a novidade e a originalidade da *inteligência senciente* não consiste em conceber o dado *a* ela pelos sentidos, mas em apreender como real o dado sencientemente nela: "Inteligir, segundo entendo, é o ato que consiste formalmente em apreender as coisas como reais. A filosofia clássica descreveu alguns atos de intelecção, mas não fez questão expressa do caráter formal da intelecção" (*ibidem*, p. 23).

Esse caráter não é uma relação categorial objeto-sujeito, não consiste em conceituar, nem julgar segundo as regras do raciocínio lógico. A inteligência humana é formalmente senciente: apreende impressivamente *nela* as coisas como reais. É preciso superar essencialmente o dualismo que relaciona sujeito-objeto, o dualismo sentir-conceituar; é preciso categorizar em um conceito unitário de inteligência senciente: a apreensão do real como real. O inteligido sencientemente, isto é, o real sentido, não nos remete além dos sentidos a uma coisa real; trata-se de uma formalidade própria. Realidade não é categoria de nenhuma classe, realidade não é algo que está além da percepção, mas, sem sair da percepção mesma, é sua intrínseca formalidade percebida. A ideia é a seguinte e leva a nos confrontar com o Apêndice dedicado às categorias no volume final da trilogia:

> Na filosofia moderna se considerou a realidade como modo não de uma entidade, mas de um objeto: é a objetualidade. Para Descartes, o inteligível é realitas objetiva. Para Kant, o ser e, portanto, a realidade. Para Husserl seria posição de um objeto. Para Hegel, conceito absoluto, unidade de sentido intencional, objetualidade intencional. Realidade seria um modo de entidade compreendido pela compreensão do ser em Heidegger. Em suas formas mais diversas, realidade seria sempre um modo de ser. Pois bem, todos esses conceitos são vias que seguem a inteligência considerada só em função de conceber e julgar, isto é, são vias de uma inteligência concipiente. Pois bem, a inteligência concipiente remete por sua própria estrutura intrínseca a um estrato mais radical, à inteligência senciente (*ibidem*, p. 25).

REFERÊNCIAS

ARISTÓTELES. *Tratados de Lógica (Organon)*. Vol I: Categorías – Tópicos – Sobre las refutaciones sofísticas. Introdução, tradução e notas de Miguel Candel. Madri: Biblioteca Clásica Gredos, 1988.

GRACIA, D. *Voluntad de verdade: Para leer a Zubiri*. Madri: Labor Universitaria, 1986.

PINTOR RAMOS, A. *Realidad y Verdad: Las bases de la filosofía de Zubiri*. Salamanca: Publicaciones Universidad Pontificia de Salamanca, 1994.

ZAMBRANO, M. *Hacia un saber sobre el alma*. Barcelona: Fundación María Zambrano / Galaxia Gutenberg, 2016 (Obras Completas, II).

ZUBIRI, X. *Sobre la esencia*. Madri: Sociedad de Estudios y Publicaciones, 1962.

_____. *Inteligencia y Razón*. Madri: Alianza/Sociedad de Estudios y Publicaciones, 1983.

_____. *Los problemas fundamentales de la metafísica occidental*. Madri: Alianza/Fundación Xavier Zubiri, 1994.

_____. *Primeros Escritos (1921-1926)*. Madri: Alianza/Fundación Xavier Zubiri, 1999.

_____. *Cursos Universitarios*. Vol. I. Madri: Alianza/Fundación Xavier Zubiri, 2007.

8. O ato intelectivo senciente e a constituição da realidade pessoal em Xavier Zubiri

Ángel González Pérez[1]

*"Se minha alma pudesse se assentar, não faria ensaios, me manteria firme;
está sempre aprendendo e se provando."* (Montaigne, Os ensaios)

8.1. A IMPORTÂNCIA DESTE CAPÍTULO

Propomo-nos uma releitura do capítulo II do curso *El hombre: Lo real y lo irreal* [*O homem: O real e o irreal*] de X. Zubiri.[2] Este é datado de 1967 e considera três questões, das quais vamos trabalhar somente a terceira, por problema de espaço e porque nos parece decisiva.

Em primeiro lugar, inclui um enriquecimento da descrição do que é realidade (somente em sua trilogia da *Inteligência senciente* alcançará sua descrição mais madura da realidade como formalidade, o que levanta questões de todo tipo ao interior da trilogia, que deveriam ser afrontadas, algum dia). Esse enriquecimento é novo e muito interessante, porque a realidade inclui "o irreal". Sem entrar em nuances, porque não é nossa questão agora, podemos falar de "o imaginário", como o pensou J. P. Sartre.[3]

---

1 Pesquisador da Fundación Xavier Zubiri e professor de filosofia no Colégio Nuestra Señora de Loreto, Madri – Espanha.

2 ZUBIRI, X. *El hombre: Lo real y lo irreal*. Madri: Alianza Editorial-Fundación Xavier Zubiri, 2005. A partir de agora, o citaremos como HRI.

3 SARTRE, J. P. *Lo imaginario*. Buenos Aires: Losada, 2005.

Em segundo lugar, apresenta um aprofundamento do que é humano, que mesmo sendo um animal de realidades, o é porque vagueia pela irrealidade. Pode-se dizer que o *homo sapiens sapiens*, o que somos por ora, surge quando em um determinado momento dá o salto ao que, como Y. N. Harari,[4] podemos chamar de "revolução cognitiva". Esse salto de viver realizando irrealidades se mostra como modo de ser viável. Isso faz com que se deva matizar ou enriquecer a explicação do ser humano como animal de realidades. Daí, a nosso modo de ver, o título do mencionado curso, mas X. Zubiri não dá o passo para enriquecer sua descrição do humano como animal de realidades, isso ainda está por se fazer.

Em terceiro lugar, uma descrição muito rigorosa e sugestiva de como estamos na realidade. Uma descrição que supõe uma gênese da constituição do animal de realidades e implica, como em muitos autores a partir da segunda metade do século XX, uma crítica ao conceito de sujeito e do "eu", como constituinte do ser humano. Essa é a questão que pretendemos responder nestas páginas e mostrar sua importância. Para responder essa questão, X. Zubiri indica, se antecipando surpreendentemente às abordagens atuais, que a direção da resposta não pode ser a de definir alguns traços do humano, mas sim sua gênese. Esta pode ser abordada de duas formas: como gênese do indivíduo ou como gênese da espécie.[5] Nestas páginas, tratar-se-á essa questão a partir da primeira perspectiva. Deveria se complementar com a segunda, mas isso não entra nos objetivos e limites deste capítulo. Para mostrar essa gênese é preciso se fazer a pergunta prévia de como o ser humano está na realidade.

8.2. Como está o ser humano na realidade?

Responder à questão de como o ser humano está na realidade implica colocar a pergunta no campo das respostas que já foram dadas para delinear uma própria. É o que irá realizar X. Zubiri. Limitando esse campo na história da filosofia ocidental, X. Zubiri vai delinear sua própria resposta.

---

4 HARARI, Y. N. *Sapiens: De animales a dioses: Una breve historia de la humaninidad*. Barcelona: Debate, 2015.

5 Para essa gênese do humano em X. Zubiri, teríamos que analisar profundamente (o que pude fazer em algumas aulas na Fundación Xavier Zubiri) por um lado *El origen del hombre* aparecido em 1964. ZUBIRI, X. *Escritos menores* (1953-1983). Madri: Alianza Editorial-Fundación Xavier Zubiri, 2019, p. 65-102. Por outro lado, "Génesis de la realidad humana" um texto que está incluso em *Sobre el hombre*. ZUBIRI, X. *Sobre el hombre*. Madri: Alianza Editorial-Fundación Xavier Zubiri, 2016, p. 445-476.

8.2.1. As diferentes respostas na história da filosofia

A primeira resposta à pergunta sobre como estamos na realidade que X. Zubiri pretende analisar é a que podemos chamar "filosofia da vida", ou melhor, "filosofias da vida".

Segundo essas filosofias, estamos na realidade vivendo. Viver é o modo de estar na realidade. Ainda que não o cite explicitamente em seu curso e, poucas vezes, em seus escritos, nessa corrente segue completamente seu mestre J. Ortega y Gasset. X. Zubiri quer se perguntar se é suficiente dizer que o ser do ser humano se constitui vivendo, que o modo de o ser humano habitar o mundo, a realidade (deixemos assim sem maiores nuances, porque não é nosso objetivo) é viver. X. Zubiri responderá a essa pergunta como ele mesmo costumava dizer: "com passos contados". Enumeremos esses passos para que possamos adentrar em sua descrição dessa posição e na crítica à qual ele a submete.

O primeiro passo consistirá em afirmar que viver é realizar uma multiplicidade de atos – o que se mostrará inconsistente. Uma vez feito isso e tendo assumido a crítica anterior, em um segundo passo haverá filosofias da vida mais consistentes que afirmarão que viver não meramente a soma de uma multiplicidade de atos, mas uma unidade sob essa multiplicidade (com a qual adentramos, como sempre, no problema do *hypokeimenon* o *substantia*).[6] Aqui começa o verdadeiro problema

---

6 O problema do sujeito e da substância atravessa todas estas páginas. Não posso, juntamente com este capítulo, dedicar espaço a ele. Basta uma longa anotação para mostra que a posição de X. Zubiri é contrária a essa concepção. Sujeito não é um polo ativo não determinável e que constitui, põe ou porta o mundo, mas algo constituído, como veremos, e que é o "eu" ou "personalidade". Sujeito em grego clássico é *hypokeimenon* e foi traduzido ao latim por *subjectum*. O termo, como nos lembra N. Abbagnnano em seu dicionário, teve significados fundamentais. O primeiro é daquele de quem se fala e ao qual se atribuem determinações ou aquele ao qual as determinações e qualidades são inerentes. O segundo, que nos interessa aqui, é o "eu", espírito ou consciência como princípio de determinação ou constituição do mundo, seja esse o mundo do conhecimento ou o mundo da ação (mundo teórico ou mundo prático). Este segundo sentido nos faz considerar o sujeito (*hypokeimenon*) como capacidade autônoma de relações e iniciativas (em definitiva, polo ativo) diante do objeto ou parte passiva de tais relações. É o sentido que assume importância central no pensamento ocidental a partir de I. Kant. O sujeito é para o autor alemão o *Ich denke* – eu penso – como "x" não determinável e que não pode ser levado à experiência (portanto, não é fenomênico), que acompanha e determina toda nossa atividade cognoscitiva. "Através desse 'eu', ou 'ele' que pensa não vem nada mais representado que um sujeito transcendental dos pensamentos – x, não é cognoscível de outro modo que não seja por pensamentos, que são seus predicados, e dele, tomado em si, não poderemos possuir nunca o mínimo conceito" (KANT, I. *Kritik der reinen Vernunft*. B. 404). J. G. Fichte, G. W. Hegel e A. Schopenhauer, entre os pensadores da tradição pós-kantiana que pode ser chamada idealista (denominação que sou contrário e preferia chamá-la de "Filosofias da liberdade"), continuam nessa direção do pensar. Segundo J. G. Fichte, o sujeito é o "eu" que é "sujeito absoluto", porém não na mesma linha que I. Kant, porque o

das filosofias da vida: dizer o que é essa unidade. X. Zubiri analisa três formas que as filosofias da vida adotaram para pensá-la: pensá-la como *durée* (duração), a posição de H. Bergson; pensá-la como *Erlebnis* (sentido ou vivência), que é o caso de W. Dilthey; ou pensá-la como um "eu", um "eu" que age, que está detrás dos atos. Um terceiro passo consiste em afirmar que nenhuma dessas posições é suficiente, nem sequer a do "eu" porque não é fundante, mas está fundado, está constituído.

8.2.2. VIVER É REALIZAR UMA MULTIPLICIDADE DE ATOS

Vejamos o primeiro passo. O ser humano está entre as coisas reais atuando em uma multiplicidade de atos e, a partir daí, é possível pensar que viver consiste o nosso e que o modo de estar dos seres humanos na realidade é executar uma série de atos que o caracterizam. Seria uma primeira resposta a esse problema: viver é o modo de estar na realidade e viver é executar uma multiplicidade de atos que caracterizam o humano à diferença dos outros viventes.

Se isso é assim, o que se deveria procurar, então, é quais são esses atos que caracterizam esse viver, que o diferenciam do não viver, isto é, quais atos específicos constituem o viver. Para X. Zubiri, se seguimos nessa direção do pensar, nos depararemos com dois graves problemas.

O primeiro consiste no fato de que a lista desses atos é sempre aberta e problemática. Há uma multiplicidade tão ampla de atos que surge a questão de onde colocar um limite. Até há alguns anos, talvez, diz X. Zubiri, indicar os atos que especificavam o viver poderia parecer simples. Por exemplo, os seres vivos nascem por

---

situa na direção da ação de razão prática e como "eu" de atividade absoluta: "O 'eu' deve se determinar a si mesmo (através da absoluta atividade)" (FICHTE, J. G. *Grundlage der Gesamten Wissenschafslehre, Zweiter Theil, Grundlage des theoretischen Wissens, &4. Erester Lehrsatz, B. Synthesis der in dem aufgestellten Satze enthaltenen Gegensätze überhaup, un im allgemeinen*). G. W. Hegel, também com nuances, pensa na mesma direção: "Segundo meu ponto de vista, que se justificar unicamente mediante a exposição do sistema mesmo, tudo depende de conceber e expressar o verdadeiro não como substância, mas propriamente como sujeito...A substância vivente constitui o ser que é verdadeiramente sujeito, que é verdadeiramente real só na medida em que ela é movimento de pôr-se-a-si-mesma, só enquanto é a mediação entre o devir outro-de-si e si mesma" (HEGEL, G. W. *Phänomenologie des Geistes*, Vorrede II,1). A. Schopenhauer insistiu nesse caráter não representável do sujeito e em sua capacidade de pôr o mundo como sua representação (outra coisa é se situar em um plano mais radical que é o da vontade): "Aquele que tudo conhece e que não é conhecido por ninguém é o sujeito. É ele, portanto, o portador do mundo; é o universal sempre pressuposto como condição de todo fenômeno, de todo objeto: porque o que existe não existe, mas é pelo sujeito" (SCHOPENHAUER, A, *Die Welt als Wille und Vorstellung*, I, &2).

procedimentos de divisão ou copulação, se desenvolvem, crescem e permanecem, de certa forma, sendo eles mesmos e um dia morrem. Talvez antes, com um pouco de sorte, se reproduzem. Essa descrição de atos, a última que fizemos, também pode ser aplicada aos vírus. Isto é, esses tipos de atos não especificam o próprio do viver humano, mas dos viventes em geral e, além do mais, não é fácil delimitá-los.

A segunda crítica mostra que nessa definição, possivelmente, nessa aproximação se pensa que o viver consiste em fazer, executar. Há algo que é vida e esse viver consiste em fazer. Um vivente executa ao longo de sua vida milhões de atos. Todos eles são próprios de um ser vivo e a questão é esta: a vida estaria constituída pela soma de milhões de atos que realizamos e todos diferentes? Ou a vida é um ato único? Pareceria que a vida seria igual aos atos, mas os atos que podemos realizar ao longo da nossa vida desde os mais sensatos aos insensatos (que também existem e, em certo sentido, ainda bem), todos são atos. Portanto, não seria o viver uma unidade inerente a esses atos?

Entramos aqui em nosso segundo passo, o mais árduo: viver como uma unidade que subjaz à multiplicidade dos atos. Essa unidade deve ser pensada e aqui começa a tarefa propriamente filosófica. É preciso buscar essa unidade e X. Zubiri explora três possibilidades.

8.2.3. A unidade desse viver é *dureé*: H. Bergson

A primeira possibilidade é encontrar a unidade na *dureé* de H. Bergson. Ele fala que essa unidade é unidade temporal, isto é, o que faz com que todos os nossos atos sejam atos de um viver e, portanto, não sejam uma multiplicidade de atos dispersos é "duração temporal". O que é essa unidade temporal como *dureé*?

Para H. Bergson, essa unidade temporal não é uma mera sucessão anterioridade-posterioridade, que podemos qualificar de "unidade de sucessão", mas uma unidade de multiplicidade de momentos qualitativamente diferentes ou diversos (não é o mesmo andar que pensar, quando que possa ser andar pensando e pensar andando). A *dureé* não fala de mera sucessão de momentos, mas uma única "duração temporal" que se desdobra no fundo desses momentos diversos (*dureê*):

> [...] a unidade de vida não é unidade de sucessão [...]. Não se trata se uma multiplicidade de unidades associadas, inclusive por uma necessidade interna, mas se trata de algo distinto: de multiplicidades ou de

> momentos qualitativamente diferentes, de uma única realidade que se desdobra no fundo de todos eles, que é justamente a *dureé*, a duração. A unidade interna da vida seria justamente *dureé* (ZUBIRI, X., HRI. p. 75-76).

É uma duração na qual a diversidade de momentos é uma abstração da inteligência. Isto é, o viver está em ato contínuo (deixemos o "eu" por ora, que sempre chega tarde para se fazer notar, como aquele que tem o poder) e a inteligência pode realizar uma abstração congelando momentos desse ato contínuo. O paralelo perfeito, pensemos que na época de H. Bergson está surgindo o cinema, são os quadros de um filme. O filme seria esse ato único, a *dureé*, os quadros os diversos momentos desse ato único. Se congelássemos os diversos momentos abstraindo-os da sequência contínua, é como se congelássemos os distintos quadros estabelecendo uma separação muito grande entre cada um deles. Desse modo, os momentos careceriam de unidade e sentido, assim como os quadros de um filme estariam desligados uns dos outros.

A vida é uma unidade de duração temporal que une uma multiplicidade de momentos:

> A unidade interna da vida seria justamente *dureé*. Uma duração na qual a diversidade de estados é uma abstração dissecante, que a inteligência exercita diante da multiplicidade qualitativa dos momentos que compõem a *dureé* única que se estica temporalmente (*ibidem*, p. 76).

Até aqui expusemos a leitura que X. Zubiri faz de H. Bergson. A partir desse momento, X. Zubiri quer exigir de H. Bergson maior precisão do conceito *dureé*. Que é duração? O parágrafo onde X. Zubiri lança essa pergunta a H. Bergson merece ser lido com atenção:

> Bergson, o rei da metáfora, a compara (é uma metáfora muito expressiva) a um ponto elástico, que se estica ao longo do tempo. Sim, até que não se rompa, esta é a questão. O que é duração? É a distensão elástica ou algo distinto? É a dureza mesma que se opõe a que nesta distensão o elástico se rompa. A duração seria ser duro, ser *durus*, não o estar tensamente desdobrado na duração (*ibidem*, p. 76).

H. Bergson compara, como diz X. Zubiri, a duração "com o ponto elástico que se desdobra ao longo do tempo". Essa é a metáfora. Parece como se o ato se esticasse: para frente se projetando (vou fazer tal coisa ao concluir este capítulo; beber um vinho alvarinho, por exemplo, para me alegrar em plena crise do coronavírus), para trás lembrando.[7] Mas, como diz X. Zubiri, até que não se rompa e aqui não falamos da morte, o que significaria entrar no M. Heidegger de *Sein und Zeit*? O que é duração, se perguntava X. Zubiri? Voltemos a esse ponto elástico que se estica ao passado e ao futuro. Ponto elástico, que seria a *dureé* do ato único, é seus distintos momentos ou estados que se esticam na lembrança e no projeto. Dito de outro modo, é suficiente dizer que a unidade de todos meus atos é tempo esticado, tempo, afinal de contas? X. Zubiri diz que não. É preciso aprofundar isso. Para ver com clareza para onde a pergunta de X. Zubiri aponta, proponho reformulá-la. A pergunta "o que é duração?" reinterpretada pelas perguntas "o que se estica?", "só tempo?"

Estamos tocando – esse é o meu modo de pensar – num ponto-chave de toda a filosofia e, além do mais, X. Zubiri permite vê-lo com radicalidade. O que se estica? Para X. Zubiri, o que se estica é a dureza mesma do esticado. Essa dureza é o que se opõe à ruptura e permite a duração. Isto é, X. Zubiri propõe que a *dureé* não é o fato de consciência radical, mas que a *dureé*, como ponto "elástico que se estica ao longo do tempo", se fundamenta em um fato mais radical que é manifestado à consciência: a dureza. A duração se fundamenta na dureza. Há distensão, para frente e para trás, porque há dureza que permite a distensão, a duração.

O que é a dureza da *dureé*? O que permite a distensão do tempo para o passado e para o futuro? A dureza (*durus* em latim) é o que permite a duração. Esse modo de proceder de X. Zubiri é extremamente interessante. Toma a metáfora de H. Bergson e, de certo modo, obriga H. Bergson a sair da metáfora, a pensá-la até o final, e isso, a meu modo de ver, como diria G. W. Hegel, é uma verdadeira crítica. Uma crítica feita ao pensamento de um autor não partindo de abordagens diversas e/ou externas ao próprio autor, mas partindo de seu próprio pensamento e levando-o até o fim.

Pensando até o fim, essa duração se basearia em algo mais que a própria distensão/duração temporal? Em que se basearia? No ser duro, existe algo que tem tal consistência que é suscetível de distensão temporal sem se romper. Magnífico, impressionante, tenho que dizer! Isso não são teorias, mas aceitar o desafio da experiência da vida em ato e ver se a descrição da vida como duração temporal corresponde ou não. Filosofia de nível, sem sombras de dúvida.

---

7 Essa abordagem tem raízes em Aristóteles, no livro IV da *Física*, e em Agostinho de Hipona, no livro XI de *As confissões*.

A duração não é um fato último. Que um ato se desenvolva temporalmente em momento diversos para frente em um projeto ou se distenda em diversos momentos para trás na lembrança é devido ao fato de que há algo que está durando, não antes ou previamente à duração, mas na duração mesma.

Voltemos à metáfora, que deve ser pensada até o fim, persigamo-la sem desfalecer. O elástico se estica para frente e para trás, se distende, isto é, tem *dureé*, como podemos dizer. Sim, é verdade; mas isso é assim porque o elástico tem propriedades *de suyo* que lhe permitem ao mesmo tempo ser elástico e duro, ou mais precisamente, ser elástico porque tem uma propriedade que lhe permite não se romper, até certo ponto, em sua tensão. A pergunta é: o que faz com que a vida – e estamos falando disso não de um elástico o que é uma metáfora –, que é ato unitário, possa se projetar ao futuro em momentos e estados diversos e fazer memória do passado em estados diversos e não se quebrar, mas permanecer neles? Um texto desse magnífico segundo capítulo nos ajudará:

> Pois bem, ser 'duradouro *de suyo*' é algo, em definitiva, transtemporal. Se o ser humano – se a vida humana – tem esta *dureé* é porque é duradoura, porque tem uma estrutura de dureza em sua própria substantividade; não consiste a vida em sua própria *dureé* (*ibidem*, p. 76).

A unidade da vida será algo transtemporal, que atravessa (trans) o tempo com certa permanência e da qual o tempo é uma modalidade própria. O tempo é uma modalidade consecutiva à unidade da vida. Isso poderia parecer que vai contra o primeiro M. Heidegger que em *Sein und Zeit* indica que o tempo é o sentido do ser, mas poderia ser que fosse a expressão mais rigorosa do próprio M. Heidegger.

Essa é, por exemplo, minha interpretação. No primeiro M. Heidegger, o tempo é do ser, é uma modalidade do ser e, dependendo do ente concreto, o tempo de seu ser como sentido deste será diferente, ou melhor, próprio dele (*de suyo*). Isso não é objeto deste capítulo, mas deveria ser estudado mais a fundo. Isso é um ponto essencial, decisivo de filosofia primeira. Necessário disputar com ele, corpo a corpo, e ver se saímos sem arranhões, talvez. O essencial da vida não é o tempo, o que permite a distensão do tempo é algo não tempóreo. A vida em seu ato único não é essencialmente temporalidade e por isso pode se distender no tempo – isso é assustador. Tomemos um pouco de ar.

Se a vida se distende é porque tem, podemos dizer desse modo, uma "estrutura de dureza": sua própria realidade ou sua realidade *de suyo* ou, porque não o dizer assim, sua própria natureza lhe permite se distender no tempo. A temporalidade é uma dimensão consecutiva da natureza de cada coisa (tomemos coisa no sentido alemão de *das Ding*, em um sentido genérico que engloba você, leitor, como as páginas do livro que está lendo, como os vírus que por aí circulam). Dito em termos de relato e seguindo P. Ricouer, não basta dizer que a unidade do relato são os sucessivos momentos narrados, mas tem que existir "o relatado" no relato, não por debaixo ou sobrevoando os momentos narrativos, que dão unidade ao próprio relato. Dito de outro modo, o que faz que a vida seja vida – ainda não falamos de "minha" vida – não pode ser pura narração, mas "algo" que, na narração e não por cima, nem por baixo dela, permanece. A pergunta pelo humano seria a pergunta por isso que permanece na distensão temporal. A resposta a essa pergunta essencial pode ser dada de muitas formas – a maioria tem sido pensar um sujeito permanente por debaixo, *hypokeimenon*, ao que o tempo lhe é inerente, mas não o afeta essencialmente, como afirmaria Aristóteles, ou um sujeito empírico ou transcendental (*ego* transcendental nas suas diversas formas, por exemplo, o *ich denke* de I. Kant que não está essencialmente afetado pelo tempo). Enfim, a questão é essencial, difícil e absolutamente necessária e, por isso, nenhuma filosofia primeira pode fugir dela.

Dito esse problema em forma heraclitiana – isto é, sem ter que estar dizendo o mesmo que Heráclito ainda que, no fundo, não esteja longe dele –, a unidade do ato da vida é banhada sempre no fluir dos momentos e estados distintos, diversos, mas permanece nesse fluir contínuo, no fluir mesmo e não por debaixo (*hypokeimenon*) ou à margem (*ego* transcendental em suas diferentes ramificações). Esse permanecer tem algo a ver com o *logos*, como em Heráclito, mas não com um *logos* logificado, mas com um ato intelectivo que é senciente. Veremos isso. Porém, não é o tempo aquele que necessariamente se quebra, algo que os gregos pré-socráticos sabiam muito bem e é repetido por F. Nietzsche: os eleitos dos deuses morrem jovens.

A *dureé* se fundamenta, em termos de X. Zubiri, em um "estar sendo" em uma "estrutura de dureza" que está sendo e porque está sendo pode se distender temporalmente.

8.2.4. A UNIDADE DO VIVER É UMA UNIDADE DE UMA TRAMA DE VIVÊNCIA OU DE SENTIDOS DE UM "EU": W. DILTHEY

Agora se trata da unidade do viver não como tempo, isso já foi descartado, mas como unidade de sentido, de vivências. W. Dilthey equipara "sentido" a "vivência" (e não é necessariamente assim). Vivência, como sabemos, corresponde ao *Erlebnis* alemão:

> A unidade da vida não é *dureé*. Para Dilthey, a unidade da vida é algo diferente. É uma unidade de sentido (*ibidem*, p. 77-78).

É importante esclarecer o que é sentido. Como se constitui essa unidade de sentido? Pode se descrever a unidade da vida de um modo diferente aos estados (comer, beber, dormir etc.) como momentos temporais, distensões de um único ato. Pode se entender a unidade *vida* de uma forma diferente, como atos que constituem o tecido da vida. Vamos por passos contados, como diz X. Zubiri. No lugar de dizer:

a. Vejo, como, ando, me movimento, ouço, passeio, falo...

b. Estou vendo uma exposição com um amigo, festejando com uma refeição um reencontro familiar, ouvindo um concerto de Bach no Auditório Nacional...

Os atos como os expressamos têm um caráter totalmente diferente no segundo momento. O segundo caso são atos que constituem o tramado ou tecido da minha vida. No primeiro caso, são atos marcados por um caráter temporal: como, comi, comerei, por exemplo. No segundo caso, constituem um tramado ou tecido vital: festejei um reencontro familiar, estou ouvindo um concerto de Bach no Auditório Nacional e amanhã marquei com uma amiga para ver uma exposição no Museu do Prado. Mesmo que a distensão temporal permaneça, o que dá unidade aos atos é um tramado de sentido, segundo a interpretação de W. Dilthey e como a percebe X. Zubiri. Esse tramado está constituído pelo reencontro com minha família, a ida ao concerto de Bach e o projeto de ver uma exposição com uma amiga. Se a concepção anterior – a *dureé* – pretendia expressar a unidade da vida como distensão temporal, aqui tenta-se expressar a vida como unidade de sentido, como biografia que, em última instância, constitui um "eu".

> Se a concepção anterior da *dureé* pretende apreender a vida com uma *zoé* e o ser humano como um *zoon*, aqui se pretende compreender a vida como um *biós*, objeto não de zoologia, mas de biografia (*ibidem*, p. 77).

Sou "eu" aquele que vai dando unidade à vida – tecendo com meus atos um fio de sentido que me permite mover no "labirinto do que permanece como real" com sua diversidade. O modelo que teria que analisar de fato, e ao qual dediquei algumas sessões no curso de filosofia medieval na Fundación Xavier Zubiri e que espero algum dia poder publicar, são as *Confissões* de Agostinho de Hipona. Não se trata de ver, comer, ouvir, etc., mas sim de que eu como com minha família festejando um reencontro, vejo uma exposição com uma amiga – atos concretos em um tramado de sentido que eu vou fazendo; isso é *biós*, biografia.

Esse tramado é um entrelaçamento de vivências. As vivências são, em sentido estrito, individuais. Eu não tenho acesso direto às vivências do outro, só indireto porque ele me contou ou estabeleci uma analogia entre sua vivência e a minha (ou de outras formas, que não é caso):

> Efetivamente, por muito diversas que sejam as ações que o ser humano executa em sua vida, por muitas vaciladas que dê e, inclusive, por retificações totalmente contraditórias dentro de sua vida, não obstante essa vida tem unidade de sentido. E essa unidade de sentido é o que constituiria a unidade interna e intrínseca da vida (*ibidem*, p. 77).

Essa unidade de sentido constituiria a duração do que dura. O ser duro da temporalidade: o sentido ou tramado com o qual eu vou constituindo minha vida. A vida seria, então, *Zusammenhang* (contextura), como eu gosto de dizer:

> Poderíamos traduzir por textura, tramado ou contextura. A unidade da contextura que vai se formando precisamente ao longo de minha biografia seria o que constituiria a unidade de sentido em que a vida consiste. Com o qual, cada momento vital seria – nos diz Dilthey – uma vivência, um *Erlebnis* (*ibidem*, p. 78).

Zum é uma preposição, *Sammel* significa coleção, e *hang* vem do verbo *hangen*, que significa reunir juntos: é recolecção de uma diversidade sob uma unidade (entendendo bem que é um exercício de recolher, unificar; como no ato de reunir os grãos depois da colheita). O "eu" não vive seus atos dispersos, mas como expressa *Zusammenhang* os vive colecionados sob uma reunificação. A unidade de textura ou tramado vai se formando ao longo de minha vida e essa unidade de textura ou contextura que vai ser formando ao longo de minha vida é unidade de sentido, cuja forma mais expressiva é a autobiografia.

Mas a unidade de sentido do tramado está constituída não por momentos temporais de um único ato, mas por vivência que nos coloca uma questão: o que são vivências? É decisivo esclarecer isso:

> Uma vivência é vivência precisamente por estar caracterizada por duas notas: primeira, seu imediatismo. Uma vivência não consiste em uma relação de uma pessoa com algumas coisas. Isto não seria vivência. Vivência consiste no *vécu*, no vivido. Onde não há nenhuma mediação, mas o mesmo imediatismo do vivido em tanto que vivido. E, em segundo lugar, nos diz que a vivência, neste sentido, envolve a própria realidade (*ibidem*, p. 78).

A primeira característica da vivência consiste no imediatismo, isto é, vivência consiste no vivido. Vivido enquanto diretamente dado, não há dedução alguma. Eu, por exemplo, ou você, querido leitor, estamos relendo estas páginas. Não há dedução alguma. Esse caráter vivencial não consiste em que primeiro tenho uma vivência e, posteriormente, dou um sentido a ela. Não é isso. Não há primeiro uma vivência (a leitura) e depois eu lhe confiro um sentido (estou interessado no problema que a leitura aborda). O próprio vivenciar algo já implica sentido e constitui um sentido próprio. A segunda característica da vivência é que envolve sua própria realidade. Isto é, enquanto vivência é real, seja o que for. É tão real ou envolve tanta realidade a vivência de beber um bom vinho, como escutar uma obra de Bach, ler *A peste* de A. Camus, como me confrontar com um problema matemático.

Resumamos. Para W. Dilthey, a vida não é uma sucessão de atos, tampouco uma *dureé*, uma dimensão temporal, mas uma trama de vivências onde o conceito tramado aponta um sentido que as unifica. Mas o que essa trama gera? Os sentidos de cada vivência entrelaçados, que implicam sua própria realidade, geram a trama? Mas esses sentidos se entrelaçam automaticamente? Como a partir da multiplicidade de sentidos se dá a unidade da trama? W. Dilthey, como mostra X. Zubiri, indica uma resposta a estas questões: meu próprio "eu".

> Porque, naturalmente, nos perguntamos o que é que dá sentido à vida. O que menos deveria dizer – e o diz o próprio Dilthey – é que se trata do meu "EU", isto é, da minha própria realidade (*ibidem*, p. 79).

Essa tem sido a resposta majoritária da filosofia: um "eu", um sujeito (empírico, transcendental etc.) é o que constitui a unidade da multiplicidade dos atos, a unidade da vida. X. Zubiri, como M. Heidegger, será muito crítico com essa resposta. Sem ser um frequentador da psicanálise, até onde sei, para X. Zubiri o "eu" não é um dado originário. O "eu", se assim se quer e dito a meu modo com base em Agostinho de Hipona (e em minha leitura de *As confissões*), sempre chega tarde, comparece tarde e quando comparece na cena aconteceram milhões de coisas e algumas – muito decisivas – podem já ter marcado a fogo toda a distensão temporal de uma vida.

Se é o "eu" o que estabelece o tramado, a conexão das vivências, teria que se perguntar: que tipo de realidade tem esse "eu"? Porque "eu", em certo sentido, é um pronome pessoal vazio: o "eu" se refere ao "meu", mas outros também o utilizam com tramados distintos constituídos por *Erlebnisse* ou vivências diferentes. É um *container* vazio de tramados diversos que não são nada. Logo, nos remetermos ao "eu", em primeiro lugar, não conduz a uma resposta do problema.

Que tipo de realidade é o "eu"? Por que o "eu" tem, quase maníaca e constitutivamente, que forjar tramados? Isso mostra algo prévio ao sentido e ao tramado. Tomemos um exemplo retornando a Agostinho de Hipona e a esse livro incrível que se chama *As confissões*, mas deixemos de lado os críticos que querem saber mais que o próprio Agostinho de sua vida e se tornam seus juízes, chegando a afirmar que o livro é desonesto – isso sempre me deixou entediado. Se cremos em seu testemunho – e não penso em outra fonte melhor –, há dois tramados em sua vida separados por um acontecimento que chamamos conversão. Os dois são tramados de sentido: o primeiro (tramado 1) que a partir do segundo (tramado 2) adquiriu novo sentido, mas enquanto vivia somente no primeiro tinha outro; portanto, os tramados e os sentidos que se entrelaçam não podem ser o final. Nesses dois tramados de Agostinho de Hipona (tramado 1 e tramado 2), há uma unidade real de permanência que chamamos o "eu", o "eu" de Agostinho de Hipona. O "eu" é suficiente para isso? Segundo X. Zubiri, não.

8.2.5. A resposta de X. Zubiri ao problema da unidade: A busca da unidade real de permanência realizada em duas aproximações

8.2.5.1. A primeira aproximação: vida, meu e me

Comecemos pelo "meu". O que falta à *dureé*? O que falta à ideia de tramados e sentido? O que falta ao "eu"? Falta um momento muito importante e é o fato de que tenham que ser "minha *dureé*", "meu tramado de sentido" e "meu eu". Parece muito óbvio, mas na filosofia nada pode ser tomado como óbvio, uma vez que é muito perigoso deixar algo implícito (um caso claro na maioria dos filósofos é que não explicitam sua filosofia política e isso conduz a sérios problemas):

> No momento, falta conceitualmente a todas descrições anteriores um momento que inicialmente sempre é enunciado, mas que não basta com ser enunciado para que seja concebido: dizer que a vida é sempre minha, de cada um. É *minha* vida (*ibidem*, p. 80).

Não só que a vida seja distensão temporal, vida com tramado de sentido ou sem sentido, isso não importa, vida de um "eu", o que deve ser é "minha vida". Em teoria, posso escrever do "eu Napoleão", do "eu como Napoleão" (porque estaria internado ou em tratamento psiquiátrico), mas não seria "minha vida".

O que se entende por "minha vida"? Vejamos o texto de X. Zubiri:

> Agora, sim, este momento de ser minha vida é algo que é anterior justamente à vida; a vida não poderia nunca fazer dela uma 'minha' vida, nem biográfica, nem psicofisicamente. Faria uma vida perfeitamente 'individualizada', perfeitamente concretizada, talvez fosse uma biografia exaustiva, que não pode ser senão de uma pessoa [...]. Mas nada disso faria que aquela vida fosse 'dela', 'daquele' vivente (*ibidem*, p. 80).

Há alguns anos, para dar um exemplo, publicaram *La biografía definitiva de Felipe II*, como foi chamada pelo autor. Concedamos a esse autor, Geoffrey Parker (e é muito conceder) que tenha feito a biografia definitiva de Felipe II. De acordo com a linha da *dureé*, do tramado de sentido do "eu" Felipe II, pôde Parker fazer uma biografia acabada e perfeitamente individualizada de Felipe II, que não se confunde nem com a biografia de Carlos V, nem com a de Fernando, o Católico, ou a de Martinho Lutero. Nada disso faria que essa vida fosse sua, porque, para isso, para que seja sua (como momento fundante da *dureé*, do tramado e do "eu") não basta que esteja identificado, "perfeitamente individualizado" o sujeito (da *dureé*, do tramado e do "eu"), mas que seja meu tramado de sentido.

É preciso partir de que a vida seja minha para poder interpretá-la biograficamente. Esse "ser minha" não quer dizer que eu seja um autor exclusivo dela e o tramado de sentido seja totalmente executado por mim. A palavra autor é perigosa porque parece que tenho direitos de propriedade absolutos sobre o tramado da minha vida. Isso nos conduziria, outra vez, a um ego puro, a um "eu" transcendental que se impõe desde si mesmo (vide nota 5). Mas isso não acontece assim de jeito nenhum. Mais que autor, eu diria, como o fará X. Zubiri seguindo Aristóteles de "automovente", isto é, "que se move a si mesmo". Autor é uma transferência da autoria da ficção à vida como biografia e uma transferência perigosa. O autor tem mais poder sobre o tramado do personagem que ele cria que o "meu" sobre o tramado de sua vida. É verdade o que diz M. Unamuno: o personagem se rebela. Mas M. Unamuno pode, como de fato ocorre, cortar o tramado, modificar com mais facilidade que o "meu" sua própria trama.[8] A razão é que há muito mais de passividade, de opacidade, de obscuridade em "minha vida", que é anterior ao que eu possa torná-la minha. Essa anterioridade e passividade do tramado formam parte do tramado da "minha vida" e vai conformando-a sem que o "meu" possa nunca se apropriar dela totalmente. Sem necessidade da psicanálise, mas só lendo o livro I de *As confissões* de Agostinho de Hipona, por exemplo.

Essa passividade está orientada, em forma de questionamento, no próprio texto de X. Zubiri:

> [...] justamente o fato de que seja minha suscita, entretanto, um problema: qual relação existe – chame-a de relação ou como queira – entre vida e o fato de que seja minha, entre o 'meu' dessa vida e a vida? (*ibidem*, p. 81).

Continuemos pelo "me". Se o "meu", "minha vida" fosse a forma primária como o vivente é incurso, submerso em sua vida, sempre haveria uma dualidade entre vida e "meu", vida e vivente. Mas há uma forma mais radical que é justamente o que X. Zubiri chama, aqui, de "me".

Coloquemos isso em uma linha seguindo o que fizemos agora para enxergá-lo com mais clareza:

Vida como multiplicidade de atos: comer, beber, trabalhar, dormir.

Vida como unidade de distensão temporal, como *dureé*: comi, estou trabalhando, irei dormir.

---

8 UNAMUNO, M. "Niebla". *Novelas poco ejemplares*. Barcelona: Penguin Random House, 2019.

Vida como unidade de tramado de sentido: eu comi com tal pessoa, eu estou trabalhando no escritório com meus colegas, eu irei dormir em casa.

Vida como minha vida: minha refeição com meu amigo tal, meu trabalho no escritório com meus colegas, meu descanso em casa à noite.

Vida como "me": previamente, seria "me" estou vivendo – "me" estou vivendo" na refeição com meu amigo, "me" estou vivendo no trabalho no escritório com meus colegas, "me" estou vivendo no meu descanso em casa à noite.

É um puro agir desde minha vida, mas sem que exista uma reflexão, sem que se dê um flexionar-se sobre "minha vida", que a autopossua. Poderia se dizer assim: é executividade sem mais (para evitar a palavra puro, que não me agrada muito). Vejamos o texto:

> Esta forma medial do "me" não é a forma objetiva de um 'eu' que se eleva diante de si no problema da própria realidade de seus atos. Nem é uma reflexividade incipiente que há em *meu*, ao dizer que é *minha*. É algo muito mais imediato e elementar, justamente *me*. Encontro-me bem, encontro-me mal, dou-me um passeio, durmo-me, decido-me a realizar uma conferência etc. (*ibidem*, p. 81).

A forma medial do *me* não é a forma objetiva de um "eu" que traz para diante de si a realidade de seus atos: eu quero me pensar, eu quero me decidir etc. Mas eu me penso, eu me decido. Não quero ou preciso me dormir, mas me durmo. Também não há uma reflexividade explícita, nem incipiente: não digo "meu pensamento", mas me penso; não digo "minha decisão", mas me decido.

É o que é intrinsecamente prévio ao "meu" e ao "eu", no qual tenham sido fundamentados ambos. O que me parece muito interessante desse "me" é que aqui não há dualidade entre "corpo e alma", entre "minha e vida". É um momento prévio a toda dualidade: me penso, me durmo, me canso. Não há dualidade. Esta não-dualidade aponta ao que posteriormente será pensado como o ato intelectivo senciente e o que será a inteligência senciente.

Em outros termos, o "meu" e o "eu" se fundam em uma mera executividade onde não há dualidade explícita (pelo menos) entre "vida e minha": me penso, me durmo; uma executividade muito próxima ao corpo, ao corpo vivo. Algo prévio a todo dualismo corpo-mente que, em qualquer de suas formas, considerei sempre uma simples teoria muito discutível e problemática.

O que constitui esse "me"? Executividade, nada mais que executividade. Poderíamos expressá-la com "sendo-me". Mas – e este é o problema – essa pura executividade também não bastaria para especificar o modo humano de estar na realidade. Não seria suficiente a linha desenvolvida até aqui que, com todas suas diferenças, tem sido uma variante dentro de uma filosofia da vida; teria que se procurar a especificidade do humano, a gênese do humano na linha de atos específicos: os atos intelectivos sencientes. Isso, à simples vista, poderia parecer que é uma volta ao mais clássico da filosofia, isto é, voltar a considerar o ser humano como um animal racional. Mas se deve indicar que, pelo menos, não se fala de razão, mas de um ato: o ato intelectivo senciente. Este ato não é puramente racional, mas está ligado ao corpo intrinsecamente. Melhor é corporal, não que esteja ligado a ele e surge de algo prévio ao ato intelectivo, emerge (ainda que seja a palavra que causará muitos problemas) de algo prévio. Isso supõe estabelecer, em algum momento, um diálogo com as posições emergentistas.

8.2.5.2. Segunda aproximação: o ato intelectivo senciente

Para mostrar como o ato intelectivo senciente pode fundar a gênese do humano, X. Zubiri vai explorar três caracteres desse ato intelectivo senciente, dos quais o que mais me interessa, para o problema deste capítulo, é o terceiro.

Primeiro: pelo ato intelectivo senciente, o ser humano está fisicamente na realidade.

Segundo: esse estar fisicamente na realidade pelo ato intelectivo é um estar de forma aberta.

Terceiro – para mim o mais interessante: esse estar fisicamente e de modo aberto na realidade é de forma fluente, como uma corrente de atos contínuos. Este último, a meu modo de ver, é decisivo.

Comecemos pelo primeiro traço. Poderia se pensar, e essa é uma diferença crucial da definição clássica de ser humano como animal racional, que:

> [...] estamos na realidade porque é um ato (*o ato intelectivo senciente*) que eu executo (*ibidem*, p. 90).

Mas não é assim, o "eu", como veremos, justamente aparece porque há atos intelectivos sencientes e não ao revés. Trata-se de olhar, em primeiro momento, o ato intelectivo mesmo (descrevê-lo sem pressupostos, na medida do possível) e ver seu papel na gênese do que somos cada um de nós.

O ato intelectivo não é um mero estar tendendo ao real, como final do meu "me dirigir a", isto é, não é um intencional. No ato intelectivo senciente, o apreendido fica como real imediata e diretamente. Isso é ilustrado por X. Zubiri de forma brilhante com o exemplo de R. Descartes, porque é preciso ir à raiz do problema. R. Descartes, como sabemos, em suas meditações chega à evidência do *ego cogito*, à certeza do único ato do qual enquanto, e só enquanto, se pensa, se deseja, se quer etc. (tudo isso significa o *cogito* e não só o pensamento) se existe, clara e indubitavelmente. Esse existir não é uma conclusão ou dedução do estar pensando, desejando, querendo, duvidando, mas um momento do ato único. Mas essa certeza indubitável não engloba toda a realidade do pensado, desejado, querido, duvidado. Só engloba a certeza da existência do ato pensante, duvidante, desejante como ato de um *cogito,* e só enquanto seja executado:

> [...] onde a realidade física do estar estaria encarregada do ato que está, mas não daquilo em que está (*ibidem*, p. 91).

Mas X. Zubiri mantém que isso é radicalmente insustentável. Ninguém pode pensar que ao tocar minha mão no rosto de outra pessoa, minha mão só está fisicamente consigo mesmo e a cara ou a pele do outro está só na intenção, mentalmente. Não, não é assim:

> No ato intelectivo não somente executo um ato de estar na realidade, isto é, me penso em algo (*corrijo para não entrar ainda no "eu"*), mas é um ato de estar fisicamente no inteligido (*o algo em que me penso*) em tanto que inteligido (*ibidem*, p. 91).

O ato intelectivo não é só estar na realidade pensando-a, querendo-a, desejando-a. É um estar no apreendido como real direta e imediatamente. O sentido do tato, que não é a mão, mas toda a pele, é o que melhor permite ver esse estar fisicamente na realidade. É preciso quebrar com o esquema da inteligência como uma caixa fechada a partir da qual se deve procurar modos ou caminhos para sair ao encontro do real que estaria fora da caixa. Esses caminhos podem ser o da causalidade, a ideia inata de Deus, a harmonia preestabelecida entre o que acontece dentro da caixa e fora dela, por exemplo. Para X. Zubiri, há um único ato de "corpo intelectivo" (ou inteligência senciente) que se pode ver a partir de duas vertentes: a partir do que está ficando (o rosto tocado, a pele em contato com minha pele) e a partir do ato corporal intelectivo que toca a pele com pele, pele com o rosto do outro. A inteligência não é uma "faculdade" que, por seus pensamentos, nos coloca em contato com a realidade, mas que o ato intelectivo senciente atualiza o que se faz presente no seu ato como real, como *de suyo*. É o ato intelectivo senciente como ato, no qual o apreendido fica como real e fica formalmente como real, seja um ente de ficção (ficção posta na realidade), uma teoria científica (como precisão da realidade) ou um sistema constitucional (como resultado de uma deliberação colocado na realidade); não está fora do ato, mas se atualiza no ato.

O segundo é um caráter que responde à questão de como está o ato intelectivo na realidade, ao ser intelectivamente senciente está, não por compreensão que faz referência ao sentido, mas por algo mais radical que atravessa toda a análise da inteligência senciente, a impressão:

> A inteligência não está aberta à realidade por compreensão, mas sencientemente, por impressão (*ibidem*, p. 92).

Dito de outra forma – mais direta –, o ato intelectivo senciente está no real sempre, de um ou outro jeito, corporalmente. Se apresentamos algumas nuances a essa afirmação, a partir da maturidade de X. Zubiri, o da *inteligência senciente*, teríamos que dizer que o atualizado pelo ato intelectivo sempre é em impressão de realidade uma vez que o ato intelectivo é senciente, é corporal. Inclusive, na experiência mística, além da verdade ou não do que se faz presente, o atualizado ou presente na experiência mística o é por impressão, corporalmente, como mostrou de forma brilhante R. Guardini em dois de seus livros que mereciam ser relidos: *O espírito da liturgia*,[9] especialmente o capítulo IV sobre o simbolismo litúrgico, onde reflete que a experiência religiosa é sempre uma experiência corporal, e *Os sentidos e o conhecimento religioso*.[10]

Para mim, essa posição de X. Zubiri é fundamental. Estamos na realidade impressivamente. O ato intelectivo tem uma dimensão intrínseca corporal, senciente. Não há ato intelectivo fora do corpo, da corporeidade. A inteligência não está aberta ao que fica como real, à primeira vista, por compreensão, mas por impressão (corporal, senciente). A impressão tem, em X. Zubiri, como sabemos, dois

---

9 GUARDINI, R. *El espíritu de la liturgia*. Barcelona: Centre de Pastoral Litúrgica, 2000.

10 GUARDINI, R. *Los sentidos y el conocimiento religioso*. Madri: Cristiandad, 1965.

momentos. O primeiro é o momento do conteúdo (talitativo: isto presente é tal e tal coisa ou tal e tal outra). O segundo é o de formalidade. Os conteúdos ficam não só como estímulos para uma resposta, mas como realidades. Mas, e isso me parece decisivo, esse momento de realidade não é uma categoria do entendimento, uma realização da razão, uma ideia que tem posição real pela evidência da ideia inata de Deus. Não. A formalidade de realidade está dada na impressão. Isso marca uma diferença entre os conceitos de razão ou inteligência anteriores a X. Zubiri. Todos os conteúdos que estão ficando no ato intelectivo ficam como realidade, mas como realidade qualificada em cada caso por conteúdos (determinada talitativamente).

Precisamente aqui aparece o terceiro caráter, o decisivo para a abordagem deste capítulo. O importante, ainda que não explicitado, é o que o caráter fluente está diretamente fundamentado pelo momento impressivo, senciente, corporal, a meu modo de ver.

Imaginemos o ponto de vista de Deus, ou melhor, dos anjos como experimento mental. Uma inteligência que não fosse senciente poderia, em princípio, estar em todos os momentos, lugares e tempos percebendo tudo simultaneamente. Não teria que fluir por conteúdos que mudam, nem, evidentemente, ser abertura em seu estar no real. Algo assim intui M. Heidegger em seu breve artigo "*Das Ding*"[11] (não o livro) quando, sem conhecer a internet, claro, fala de como os meios de comunicação e os meios de transporte estão transformando o tempo simultaneamente. Esse é o ponto de partida do artigo que é, ademais, brilhante.

Porque somos inteligência senciente, a realidade nos dá de si mesma impressivamente e, portanto, não simultânea, mas fluentemente. O que quer dizer fluentemente? Um passar de coisas ou do atualizado no ato intelectivo senciente e um passar contínuo de atos. Se minha inteligência não fosse corporal, não existiria esse passar. É o impressivo que faz com que nossa forma de permanecer no real seja um fluir:

> Passam as coisas e passam os atos. E, mesmo que os atos se voltem sobre a mesma coisa, o mero fato de voltar modifica internamente o ato. Não é o mesmo ver uma coisa por primeira vez que voltar a vê-la em um segundo momento, ainda que fosse exatamente a mesma. A intelecção senciente é constitutivamente fluente (*ibidem*, p. 92-93).

---

11 HEIDEGGER, M. *Conferencias y artículos*. Barcelona: Serval, 1994.

Estar na realidade intelectivamente não é algo estático, é um contínuo passar de conteúdos que ficam em formalidade de realidade. Se nossa inteligência não fosse senciente, nós veríamos, para entender o exemplo, um filme inteiro, todos os quadros simultânea e instantaneamente e não quadro a quadro; isso é quase impossível de imaginar.

Agora, trataremos de ver esse caráter fluente da impressão da realidade e as consequências desse caráter sobre o "me", o "meu" e o "eu". X. Zubiri escolhe como interlocutores para esclarecer o tema E. Husserl, H. Bergson, novamente, e W. James.

O que significa esse fluir?

Em primeiro lugar, X. Zubiri segue a afirmação de W. James que fala de "corrente – ou torrente – da consciência" (*ibidem*, p. 93). E. Husserl coincide com isso ao indicar que a consciência é *Fluss*, justamente uma corrente. O que quer dizer corrente?

O autor espanhol mostra que corrente quer dizer "transicionalidade de um estado a outro" (*ibidem*, p. 93). Isso tudo é fluir? X. Zubiri se pergunta:

> Porque o certo é que isso que se chama corrente da consciência não consiste em uma mera mudança de um estado a outro, nem de uma mudança por continuidade de um estado em outro. Não. Trata-se de algo mais profundo (*ibidem*, p. 93).

Isso é o que viu, segundo X. Zubiri, H. Bergson.

Se não é mera transitoriedade, se não é duração atomística do tempo, isto é, um momento sucede a outro por mera contiguidade, como é pensar essa unidade? Com o "eu". Voltemos (como em um ciclo de eterno retorno) ao "eu", sempre o "eu". Isso é o que critica H. Bergson e o que ele tenta superar, mas sem conseguir completamente.

Pensa-se o "eu" como algo que está na corrente de estados, que sustenta a corrente de estados, mas que está, ao mesmo tempo, além da corrente. Essa tem sido, para mim, a tentação e o caminho usual e fácil das religiões, da filosofia, da psicologia. Isso não vale. X. Zubiri quer garantir uma unidade à corrente de estados sem que essa unidade seja, de modo algum, externa à própria corrente. Uma unidade imanente e não metafísica, no sentido etimológico da palavra, isto é, uma unidade que vai além do que está fisicamente dado (em impressão de realidade, diríamos).

Houve duas formas de garantir essa unidade na corrente de estados através do "eu". Uma forma é o empirismo (de D. Hume, J. Locke). O empirismo garante essa unidade como um "eu" empírico, que é o "eu" de cada um de nós: o "meu", o "seu", leitor, por exemplo. Entende-se que este seja o único "eu" que se dá, ainda que não seja o mais originário. Esse "eu empírico" é "suporte" da corrente de estados, está por debaixo da corrente (sempre o problema do *hypokeimenon* e do sujeito):

> [...] o que dura é um suporte diante do que vão passando os estados e que por conseguinte vai introduzindo entre um estado e outros estados intermédios que reestabelecem a continuidade desses diversos estados e isso seria justamente o "eu": uma espécie de unidade – se quiserem – a unidade de uma corda na qual esgarçando as contas, que seriam os estados (*ibidem*, p. 95).

A outra solução é a do racionalismo que também se baseia na ideia do "eu", mas não de um sujeito empírico, abstrato, que contempla sua própria duração "em determinações racionais" (*ibidem*, p. 95).

H. Bergson critica ambas as posições porque os que são muito inteligentes "deixam escapar a corrente", mas sua solução dentro da mesma corrente é insuficiente como já vimos. Repensemos: a *dureé* poderia garantir essa unidade. Ponhamos um exemplo:

Está o estado de estar em pé ao que sucede o estado de sentado, ao que sucede o estado de apoiar os braços sobre a mesa etc. Cada estado não estaria constituído por um átomo de temporalidade, mas por uma duração de determinada extensão. Mas isso não garante a conexão. Isso é, por muito que um estado se distenda não necessariamente incluirá o outro e, por isso mesmo, não deixará de ser uma sucessão de estados; por muito que um estado ou outro estejam se distendendo não deixa de ser uma sucessão de estados. A concepção do que o estado não é algo pontual, mas algo que se distende continua propondo uma sucessão de estados.

A solução de X. Zubiri é voltar aos três momentos que descrevemos anteriormente. Lembremo-nos:

Primeiro: pelo ato intelectivo o ser humano está fisicamente na realidade;

Segundo: por esse estar fisicamente na realidade do ato intelectivo senciente, está de forma aberta;

Terceiro – e para mim o mais interessante: esse estar fisicamente e de modo aberto na realidade é de forma fluente, como uma corrente de atos contínuos.

É a impressão intelectiva senciente, é no sentir intelectivo mesmo onde se encontra a chave da unidade e não em um "eu empírico ou transcendental" ou em uma transição duradoura.

Voltamos ao ato intelectivo senciente. Enquanto ato intelectivo senciente também está fluindo, como os demais estados, mas esse ato (que só se dá em princípio na inteligência humana, mas isso é uma questão aberta) é um ato tal que vê seu próprio fluir e está continuamente mudando (meus estados intelectivos de agora não são os de há alguns meses ou anos; espero...). Mas esse ato (e essa é a diferença) é um ato tal que vê seu próprio fluir. Isso é, estando na fluência das coisas é capaz de ver o fluir como seu (ou meu) e ver o fluir como uma corrente de fluir. É um estado fluente, como os demais atos, mas vidente (maravilhoso!): vê seu próprio fluir como realidade ou seu próprio fluir fica no ato intelectivo senciente como *de suyo*, como real.

Retomemos. Não estamos na realidade por sermos viventes, nem por termos vivências, nem sequer por sermos um "eu'", mas porque em nossa corrente acontecem atos de um tipo de ato – os atos intelectivos sencientes – que veem a corrente de estado como corrente de estados *de suyo* meus. De tal modo que, se esse tipo de ato se perdesse por uma doença, por uma lesão que impedisse esse tipo de ato, ficaria afetado o "meu" (da "minha" corrente de estado) e o "eu" dos projetos e irrealizações com as que vou conformando o tramado do relato que é o "eu". O ato intelectivo pode se perder e, com ele, o "meu" e o "eu".

É um ato em corrente vidente que não só vê os conteúdos que refluindo sobre o ato intelectivo senciente vão configurando, dando figura, ao próprio conteúdo do ato intelectivo senciente, isso é, ao "eu", mas que vê esses conteúdos e a figura que vão tomando em um tramado do "eu" como reais.

8.3. O ato intelectivo senciente e a gênese do "eu": A modo de conclusão

Recolhamos os possíveis resultados do esforço que realizamos. Num primeiro momento, fizemos um longo percurso crítico com X. Zubiri de todas as filosofias que insistem no fato de que o viver é nosso modo de ser no mundo. Nesse percurso, começamos, com X. Zubiri, criticando o viver como soma aditiva de multiplicidade de atos. O viver não pode ser mera soma de uma multiplicidade de atos, mas uma unidade por debaixo dessa multiplicidade que a constitui. Continuamos nosso percurso criticando algumas formas de conceber essa unidade. A unidade como *dureé* (H. Bergson), a unidade como tramado de sentido (W. Dilthey) que, em última instância, remete ao "eu", para alcançar, num primeiro momento, um conceito de viver como efetividade, como "está sendo".

Mas, ainda assim, isso não é suficiente para descrever como estamos no mundo, ou melhor, como existe mundo ou realidade e um *quem* para o qual o mundo fica como *de suyo*. Por isso, tivemos que nos adentrar na descrição de um tipo de ato que chamamos ato intelectivo senciente. É a efetuação desse ato que, ao ser executado, faz com que fiquem o "quem do ato" e o "quê do ato" como realidades *de suyo*. O "quem" não tem por que ser "eu" ou sujeito, em primeira instância. O "quê" não é tempo por ser temporalidade ou tramado de sentidos. Esse "quem", num primeiro momento, é pura executividade e, sobre essa pura executividade, se dá o "meu" e sobre esse "meu" vai se configurando o tramado de sentidos que chamamos "eu". O "eu", como sujeito de tramados e atos, chega muito tarde.

REFERÊNCIAS

GUARDINI, R. *El espíritu de la liturgia*. Barcelona: Centre de Pastoral Litúrgica, 2000.

_____. *Los sentidos y el conocimiento religioso*. Madri: Cristiandad, 1965.

HARARI, Y. N. *Sapiens: De animales a dioses*. Barcelona: Debate, 2015.

HEIDEGGER, M. *Conferencias y artículos*. Barcelona: Serval, 1994.

SARTRE, J. P. *Lo imaginario*. Buenos Aires: Losada, 2005.

UNAMUNO, M. "Niebla". *Novelas poco ejemplares*. Barcelona: Penguin Random House, 2019.

ZUBIRI, X. *El hombre: Lo real y lo irreal*. Madri: Alianza/Fundación Xavier Zubiri, 2005.

_____. *Sobre el hombre*. Madri: Alianza/Fundación Xavier Zubiri, 2016.

_____. *Escritos menores (1953-1983)*. Madri: Alianza/Fundación Xavier Zubiri, 2019.

9. Do que "é" o ser humano rumo ao que valem suas possibilidades ocultas

Sobre a fundamentação metafísica da educação em Xavier Zubiri

Ángel L. Gonzalo Martín[1]

RESUMO: Este capítulo pretende justificar a valência do trabalho de esclarecimento metafísico feito por X. Zubiri para a fundamentação do quefazer educativo. Ordenado por tais fins, o texto apresenta uma breve introdução pretensa da particular pedagogia do autor, seguida de quatro itens relativos à determinação e ao tratamento zubiriano de seus elementos referenciais e um corolário sobre o valor atribuído pelo filósofo basco à educação volitivo-sentimental, além da intelectual.

Palavras-chave: Educação; pessoa; capacitação; exemplo; inteligência; sentimento; volição.

9.1. Introdução

Está claro que não podemos considerar X. Zubiri, sem envolvimento, como um filósofo da educação. Não, pelo menos, no sentido usual da expressão, tendo em conta que a exaustiva dedicação à filosofia primeira, de quem foi considerado no momento da morte como o "último grande metafísico",[2] manteve separada sua atenção da problemática pedagógica *sensu estricto*.

---

1 Pesquisador da Fundación Xavier Zubiri e professor de história da filosofia no Colégio Asunción--Vallecas, Madri – Espanha.

2 LÓPEZ ARANGUREN, J.L. "La muerte del maestro y el futuro de la metafísica". *El País*, 23 set. 1983.

De fato, à exceção de um breve e precoce artigo, publicado em 1926 com o título "Filosofía del ejemplo" na *Revista de Pedagogía*,[3] as alusões de X. Zubiri à educação em sua obra sistemática são "fugazes, dispersas e formuladas em contextos não propriamente educativos".[4]

Contudo, as afirmações anteriores não impedem a apreciação de uma particular pedagogia zubiriana, solidamente fundamentada no pensamento do autor, capaz de lançar luz sobre algumas das questões mais urgentes e/ou que mais polarizam o debate pedagógico atual e, sem dúvidas, carregada de virtualidades de futuro no âmbito educativo.

Em primeiro lugar, constituem suficiente apoio os testemunhos oferecidos pelos alunos, discípulos e ouvintes sobre seu trabalho docente, na cátedra de história da filosofia tanto em Madri quanto em Barcelona (1926-1942), e como nos cursos privados que se converteram em autênticos acontecimentos sociais na Espanha, nos anos seguintes a seu abandono da universidade.[5]

Em segundo lugar, entretanto, a fundamentação filosófica do quefazer educativo que nos oferece o pensamento do guipuscoano,[6] ao que nos limitaremos no presente capítulo, convencidos de que, ainda distanciada da prática educacional, a tarefa de esclarecimento metafísico levada a cabo por X. Zubiri possui uma fecundidade pedagógica inusitada.

9.2. Os fundamentos do problematismo pedagógico

Corresponde à biografia intelectual de X. Zubiri "a emoção do puro problematismo". Assim, confessa ele no corpo de uma carta muito pessoal enviada a M. Heidegger em fevereiro de 1930:

---

3 Fundada em 1922, a *Revista de Pedagogía* foi, até a Guerra Civil, a mais importante publicação periódica dedicada à educação na Espanha, imbuída, sob a direção de Lorenzo Luzuriaga, dos ideais pedagógicos da Institución Libre de Enseñanza.

4 NIÑO MESA, F. "Influjo de Zubiri en la pedagogía latinoamericana: Su aporte a un nuevo proyecto público de educación". *Cuadernos de filosofía latinoamericana,* 25 (91): 114-135, jun.-dez. 2004 (Bogotá).

5 Uma edificante relação de testemunhos de alunos, discípulos e ouvintes célebres de X. Zubiri, entre os quais estão J. Gaos, J. L. López Aranguren, I. Ellacuría, J. Marías, P. Laín Entralgo e D. Gracia Guillén, pode ser lida em MARTINEZ, J. A. "Pedagogía en Xavier Zubiri". *Análisis. Revista Colombiana de Humanidades,* (64): 25-52, jan.-dez. 1999 (Bogotá).

6 Nota do tradutor: Guipúscoa é uma província do País Basco cuja capital é San Sebastián, cidade natal de X. Zubiri.

> Durante toda minha vida [...] só conheci uma emoção que me comoveu: a emoção do puro problematismo. Desde muito jovem, senti a dor de ver como tudo se transforma em problema. Mas essa dor não era em si mesma dolorosa. [...] Essa dor era, de fato, a fonte, no fundo a única fonte até agora, de verdadeiros gozos. Afirmei-me positivamente nesse caráter problemático da existência (COROMINAS; VICENS, 2006, p. 54).

Estamos aqui, como tratamos de sugerir em outro lugar, diante da "intuição originária [...], o *punctum pruriens* da reflexão zubiriana" (GONZALO, 2019, p. 169), em coerência com tudo que, como lembra Julián Marías, professava o pensador basto com seu magistério "a técnica do banho de impressão":

> Submergia o aluno, desde logo e sem advertências, no 'elemento filosófico'. Nada que lembrasse as artes tradicionais da pedagogia: nem preparação, nem insinuações, nem a menor tentativa de facilitar as coisas. O ouvinte se encontrava imerso, sem prévio aviso, no problematismo filosófico (MARÍAS, 1948, p. 135).

Entendido corretamente, esse comportamento não revela menosprezo ou desdém pela pedagogia, mas representa, talvez, a única forma de espantar o "niilismo banal" (SPAEMANN, 2007, p. 45-57), tão próprio do nosso momento e pelo que tão frequentemente se conduz a educação atual, "que em vez de ser a introdução a uma realidade significativa, acaba iniciando as novas gerações em uma conversação intranscendente, na qual cada um expressa seus gostos, mas na qual ninguém crê que pode dar razões que o sustentem" (BARRIO, 2009, p. 21).

De qualquer forma, tal é, efetivamente, o proceder de X. Zubiri no mencionado artigo de 1926, onde imediatamente sentencia:

> Todo o problema pedagógico gira, por sua própria índole, em torno de duas ideias fundamentais: a ideia do sujeito humano da educação e a ideia daquilo, no qual ele vai se educar. A obra pedagógica por completo é uma ascensão lenta e penosa do que 'é' o ser humano rumo ao que valem suas possibilidades ocultas. Uma pedagogia que suprima o primeiro termo cai infalivelmente no racionalismo; uma pedagogia que prescinda do segundo permanece eternamente relegada ao empirismo (ZUBIRI, 1999, p. 361).

Apesar da importante distância de quase cem anos que nos separa da data de sua publicação, chama a atenção – e poderosamente – quão assertiva é a citação em relação à deriva dialética do ensino nas últimas décadas. Pois, mesmo que seja verdade que lamentavelmente durante muito tempo – e não faz tanto assim – o educando apenas tinha lugar na teorização e na prática educativas como consequência de um abstracionismo pedagógico despótico – quando não tirano, hoje, a pedagogia peca, infantilizada, justamente pelo contrário, pondo obstáculos a crianças e jovens para a contemplação de horizontes cada vez mais amplos, por excesso de um experimentalismo didático desmesurado.

Dito sem rodeios, falta uma meditação profunda e séria sobre os fundamentos desse nobre quefazer, em cujo contexto, precisamente delimitado por X. Zubiri no citado parágrafo sobre o "sujeito da educação" e "aquilo no qual ele vai se educar", a reflexão metafísica do filósofo espanhol tem muito a nos oferecer. Dá-se por evidente que o que se entende por educar depende, em última instância, da ideia de ser humano que nos formemos por referência à sua pessoa com forma e modo de realidade metafisicamente fundada.

9.3. O SUJEITO PESSOAL DA EDUCAÇÃO

De longe vem a ideia segundo a qual ser o que somos não brota sozinho, mas é preciso fazê-lo brotar; isto é, educá-lo.[7] Tanto que já no mundo clássico se dava à educação a função de dotar o ser humano de uma segunda natureza que, fruto do quefazer humano, é secundária[8] com o que nasceu, mas que se mostra por si só insuficiente para conformar, diríamos hoje, seu ser "pessoal".

Ambas as naturezas, é necessária uma precisão, não se concebiam simplesmente sobrepostas, tendo que ser a segunda um desenvolvimento da primeira. E, assim, desde o alvorecer grego da civilização ocidental, o γνωθι σεαυτόν ("conhece-te a ti mesmo") inscrito na *pronaos* do templo de Apolo em Delfos, chegou até nós como o centro da sabedoria prática.

Pois bem, a mais profunda significação de tudo isso só esteve próximo do pensamento contemporâneo, condensada proverbialmente com a afirmação heideggeriana que reza: "a essência do ser humano consiste em sua existência"

---

7 Vale a pena nos determos aqui para lembrar que a origem do verbo educar remete etimologicamente ao termo latino *educo, -is, -ere, eduxi, eductum*: levar para fora, tirar, arrancar, dar à luz, fazer comparecer, em oposição a *induco, -is, -ere, induxi, inductum*: levar para dentro, revestir, inscrever, introduzir, induzir. Certamente, em latim também existe o verbo *educo, -as, -are, -avi, -atum*: alimentar, criar, ensinar, formar uma criança ou jovem, cujo espectro semântico, similar ao primeiro e relativo à ação de fazer sair e ajudar a tirar o melhor que cada um leva dentro de si; significado que, tão facilmente, traz às mentes Sócrates e sua "arte de fazer dar à luz".

8 *Operari sequitur esse*, diziam os escolásticos latinos.

(HEIDEGGER, 2000, p. 54). O que a frase revela com relação ao tema de nosso interesse "é que a essência do ser humano não vem já dada na primeira natureza, como é o caso das realidades puramente físicas, mas que é uma conquista alcançada mediante um projeto, isto é, da segunda natureza. Daí, o caráter essencial que tem o processo educativo" (GRACIA, 2014, p. 184), chamado inevitavelmente a construir o ser humano, livre e criativamente, a pessoa que é.

X. Zubiri pertence ao mesmo contexto e com pretensões de fundo similares a todos aqueles filósofos do século XX, que não se desentenderam, nem olharam para trás, mas quiseram afrontar diretamente a chamada "crise da razão", declarada com a perturbadora comprovação de que o ser humano, por sua cogitação e linguagem, não é capaz de contemplar as coisas *sub specie aeternitatis*. Enfocando o tema da pessoa, o filósofo espanhol também suspeita da capacidade humana de estabelecer conceitos e juízos absolutos e imutáveis sobre a realidade em um nível prévio ao discorrer lógico e à marcha racional, como se evidencia à luz do conjunto sistemático de sua obra.

Nesse nível predicativo, que X. Zubiri denomina "apreensão primordial", as coisas são dadas ao ser humano como realidade *de suyo*, não "em si" ou de tal modo que com a inteligência as reconhece em essência.

Além do mais, na apreensão o apreendedor apreende sua própria realidade como um *de suyo*, capaz de fazer seu próprio *de suyo*. Por isso, a base da definição de pessoa está no que X. Zubiri diz ser "suidade" formal (*idem*, 2012, p. 58).

Certamente, o autor também elabora construções racionais sobre o que o ser humano é, mas sua definição de pessoa, como esperamos deixar claro, não é uma teoria, mas o resultado de uma análise de dados. Para isso, seguiremos o desenvolvimento de sua antropologia distinguindo, com ele, três níveis – da menor à maior profundidade – na consideração que faz da realidade humana por referência às ações que executa e no que respeita com o modo que tem de se enfrentar com a realidade e análise da estrutura que a constitui.

Primeiro: a partir do estudo comparado do comportamento do animal e do ser humano, se obtém que em ambos a afluência entre as coisas modifica seu estado secundando um processo unitário de três momentos distintos, sendo eles "suscitação", "modificação tônica" e "resposta". No entanto, essa estrutura processual tem formas diversas em um e outro caso. Enquanto no animal se esgota no puro sentir de estímulos, o ser humano, diz X. Zubiri, "se abre a partir da própria estimulação (em seus três momentos) aos estímulos como realidade" (*idem*, 1986, p. 15). Nesse sentido, suscitação, afeição tônica e resposta serão analisadas por X. Zubiri como "inteligência senciente", "sentimento afetante" e "vontade tendente", respectivamente, para conseguir uma visão integral e não meramente intelectualista do ser humano.

Segundo: se o ser humano se comporta dessa maneira com as coisas é porque tem, graças à inteligência, uma "habitude",[9] o modo de lidar com elas que o distingue dos animais. "Precisamente porque sua 'habitude' radical é inteligência", dito com palavras do próprio autor, "o ser humano é certamente um animal, mas um animal de realidades" (*idem*, 1963, p. 10).

Terceiro: compreensivelmente, as "habitudes" descansam sobre estruturas que as tornam possíveis. Por "estruturas" é preciso entender aqui "substantividades" que, por sua talidade, se ordenam em "formas" e "modos" de realidade.

Por sua constituição, cada substantividade é uma forma de realidade e, daí, que as formas de realidade sejam incontáveis.

Porém, as coisas reais não se diferem por suas notas, mas, sobretudo, por como essas notas são suas; diferem por seus modos de realidade, os quais se reduzem a três: "mero ter em próprio", "se auto possuir" e "ser pessoa".

Toda coisa real, apesar de sua diversidade constitucional, tem igual modo de substantividade por mero ter "em próprio" suas notas.

Os seres vivos, por sua parte, dispõem de um igual modo de realidade distinto ao mero ter "em próprio", ao menos na medida em que desfrutam de um primórdio vital e gozam gradualmente de maior independência e maior controle específico sobre o meio fundado no sentir. O seu, dito de outra forma, é um modo de se auto possuir cada vez mais profundo e versátil na escala animal.

Contudo, o ser humano não só se possui a si mesmo sendo "substantividade" própria, mas sendo sua própria realidade enquanto realidade. O ser humano pertence a si mesmo não pelo sistematismo de suas notas, mas "formal e reduplicativamente" (*idem*, 1980, p. 110-112) pelo seu caráter de "realidade pessoal".

---

9 X. Zubiri usa o termo "habitude" com um significado distinto das noções de *hexis* e *habitus*. Assim, o expressa em *Inteligencia y realidad*: "Habitude não é costume, nem hábito, mas modo 'de lidar com'. Os costumes e os hábitos são habitude porque são modos de lidar com. Mas a recíproca não é certa: nem todo modo de lidar com é costume ou hábito. Costume e hábito são casos especiais de habitude." (ZUBIRI, 1980, p. 36).

Em resumo, o *de suyo* do ser humano é uma forma de realidade, a "substantividade" humana que determina um modo de realidade específico, a "suidade" formal é o que chamamos "pessoa". É preciso, para avançar com X. Zubiri, distinguir outros dois momentos do ser pessoal humano: um formal, relativo àquilo no que a pessoa consiste e que o autor chama "personeidade", e outro modal, ao que denomina "personalidade".

A personeidade é a mesma em todos os seres humanos, mas não como a personalidade, que é adquirida e varia (*idem*, 2012, p. 59) com os atos que a pessoa executa como "agente", "autor" e "ator" de sua vida,[10] segundo um dinamismo da suidade, ao mesmo tempo individual, social e histórica, que é de maior incumbência para a educação, na ordem do discernimento dos objetivos adequados à "eventualidade" da "altura dos tempos".[11]

9.4. A EDUCAÇÃO COMO PROCESSO DE CAPACITAÇÃO E POSSIBILITAÇÃO

Como foi possível advertir, pelo que temos dito, a determinação zubiriana do ser pessoal do ser humano não é produto de uma construção racional. Ainda assim, não é o mesmo, nem importa mostrar que o ser humano *de suyo* é realidade pessoal que explicar o que seja realidade além da apreensão, como se manifesta pelo fato de que o "eu" que nos é dado apreensivamente, longe de ser pontual, "dá de si", se desdobrando extensa e temporeamente.[12] Se queremos saber, por conseguinte, em que consiste esse "eu" que se afirma como tal diante de toda realidade, não

---

10 X. Zubiri escreve: "Por ser psicologicamente senciente, o ser humano é agente de seus atos; por estar aberto à realidade, é autor; por ser elemento desde mundo é ator da vida que lhe tocou. As três dimensões intervêm em todo ato. O argumento da vida é uma corrente contínua, é um decurso e é uma destinação. Mas, nessas três dimensões, o argumento não é a vida. A vida é a definição daquele que a vive, definição consistente em execução, decisão e aceitação. Aquele que a vive é a pessoa enquanto personeidade e sua tríplice definição é personalidade. A vida tem que ter argumento, porque o vivente é uma substantividade senciente aberta. Mas a vida não é o argumento, mas o que está sendo de mim" (ZUBIRI, 1986, p. 592).

11 Para aprofundar sobre o significado zubiriano dos termos "evento" e/ou "eventualidade" e a expressão "altura dos tempos", pode-se ler respectivamente ZUBIRI, X. *Estructura dinámica de la realidad*. Madri: Alianza Editorial/Sociedad de Estudios y Publicaciones, 1989, p. 236-237 e T*res dimensiones del ser humano: Individual, social, histórica*. Madri: Alianza Editorial/Sociedad de Estudios y Publicaciones, 2006, p. 160ss.

12 Uma importante qualificação com relação ao que foi mencionado acima é o seguinte: o "dar de si" requer tempo, mas a temporalidade do eu não deve ser entendida nem como fluência, nem como mudança, mas como "atualidade" do eu "dando de si" no mundo.

podemos nos contentar com o enunciado até aqui. Faz-se preciso, pelo contrário, sair à sua procura racional no mundo, teorizando sobre o dinamismo da "suidade" no que esta tem de específica dada a prospecção genética da espécie que, no caso concreto do ser humano, à base de sua dimensão histórica, X. Zubiri caracteriza como um "dinamismo da possibilitação por apoderamento" (*idem*, 1989, p. 237).[13]

Superficialmente resumida, a teoria zubiriana a esse respeito estipula que, contando com o que se recebe no sentido instruído, a pessoa torna-se prolepticamente ao se apropriar de umas possibilidades que dela se apoderam e ao se desfazer de outras, dependendo dos recursos que lhe são oferecidos e com os quais se encontra.

Como "formas concretas de auto possessão do ser humano" (*idem*, 1986, p. 581), as possibilidades se apoiam, naturalmente, em potências e faculdade humanas, mas se distinguem de ambas em tanto que "com as mesmas potências e faculdades, os seres humanos podem ter dotes muito diferentes" (*idem*, 2006, p. 150).[14]

Efetivamente, os dotes podem ser operativos e/ou constitutivos. Os primeiros, chamados por X. Zubiri de disposições, são resultado de uma "naturalização do apropriado", o que concerne simplesmente ao uso de potências e faculdades (*ibidem*, p. 151). As segundas, por outro lado, denominadas pelo autor "capacidades", "são muito mais profundas", como ele diz, porque a naturalização do apropriado concerne "não só ao exercício de potências e faculdades, mas à qualidade mesma de sua própria realidade enquanto princípios de possibilitação" (*ibidem*, p. 151-152).

De tais capacidades, ao menos uma parte é inata,[15] mas em sua maioria são adquiridas ou perdidas e/ou modificadas, ainda que não só, pelo ensino recebido.[16] Aquilo que foi teorizado por X. Zubiri sobre a dimensão histórica do ser humano como um "processo de capacitação possibilitante" se torna paragonal com a

---

13 Merece esclarecer, pelo desejo de clareza, que as dimensões social e histórica do ser humano desenvolvem dois dinamismos: de "incorporação" no primeiro caso e de "possibilitação" no segundo, que não são autônomos, mas dois momentos do dinamismo de "suificação" que é ao mesmo tempo individual, social e histórico.

14 Tanto assim, pontua X. Zubiri a continuação, que "uma inteligência, uma vontade etc. podem estar melhor ou pior dotadas" e, inclusive, "uma mesma inteligência pode estar melhor dotada para algumas coisas que para outras."

15 "Há capacidades que não só provêm da apropriação, mas da morfogênese psico-orgânica de potências e faculdades [...]. Mas que o momento de possibilitação das potências e faculdades seja, às vezes, inato não modifica minimamente o fato de que ser possibilitante seja um momento distinto de ser potência e faculdade." (ZUBIRI, 2006, p. 152-153).

16 "O indivíduo adquire e perde capacidade por sua vida pessoal, por sua educação, por seu ensinamento, por seu possível 'tratamento' somático, psíquico e social" (ZUBIRI, 2006, p. 155).

educação – tese defendida por G. Marquínez Argote no V Congresso Internacional de Filosofia Latino-americana, organizado pela Universidade Santo Tomás de Bogotá (Colômbia), em 1988, onde mostrava que "o que a educação contribuiria com o ser humano, em tanto que autor e ator, não seria maior maturidade, mas possibilidades que o capacitam e capacidades que o plus-possibilitam" (*idem*, 1999, p. 450).

Com razão, se depositam tantas esperanças na educação e, não sem elas, está justificado o descontentamento tão frequente pela tarefa educativa. Cai pelo próprio peso a afirmação de que dispor de mais recursos e/ou meios adequados é e será sempre uma reinvindicação pertinente e justa de parte da profissão docente. Não obstante, o maior despautério educativo seguramente consiste – "de ofício" – em não ter claro que o objetivo mais maduro da educação é atingido quando a apropriação de possibilidades repercute de tal modo sobre potências e faculdades que não só as dota para favorecer "competências" profissionais, mas que as capacita para "dar à luz" novas possibilidades de vida.[17]

9.5. O MÉTODO DE FORMAÇÃO DE EXEMPLOS

Em teoria, o que se diz com "tendo em vista a prática" seria método crucial empregado para alcançar os fins do ensino. Muito provavelmente por isso, a mais de um leitor com a paciência já cheia, pareça que seja "forçado" já aterrizar na sala de aula. E é verdade.

Entretanto, chegados a esse ponto, o admirável leitor entenderá, da mesma forma, que é imprescindível recolher sistematicamente a obra de X. Zubiri – o que foi exposto nos itens anteriores – para calibrar agora, em justa medida, o alcance da proposta metodológica que, no artigo de 1926, o jovem filósofo aventurava apresentar quando tinha acabado de receber a cátedra.

Com efeito, estabelecidos *ab initio* os fundamentos sobre os quais gira todo o problema pedagógico, no desenvolvimento do texto, X. Zubiri começa a se ocupar

---

17 Obviamente não se trata de exigir que, na educação, cada dia venha presidido por uma inovação brilhante, mas, sim, de fazer notar que quando aquela se limita, nos aspectos mais externo do uso dos recursos, tende a suceder algo que, já em 1942, X. Zubiri denunciava como sinal de *Nuestra situación intelectual*; que "os projetos se convertem em compartimentos", "os propósitos se transformam em simples regulamentos", "as ideias se usam, mas não se entendem", "se convertem em esquemas de ação, em receitas, em etiquetas", e, o que é ainda pior, "os seres humanos se convertem em peças" (ZUBIRI, 2007, p. 34).

da "educação intelectual", a propósito da qual termina por assentar, em sintonia com a fenomenologia, que "o exemplo é instrumento essencial" (*ibidem*, p. 367).

Crítico do modelo puramente racionalista, que confunde formação com erudição, identificando erroneamente pensamento e conhecimento discursivo de verdades lógicas, o filósofo basco diz que "dado que todo raciocínio parte de uma percepção exata" (*ibidem*, p. 365), apesar do que tem sido habitual, "a função discursiva será sempre secundária tanto na pedagogia, como na lógica" (*ibidem*, p. 368). Consequentemente, antes de demonstrar verdades, a educação deve se orientar por meio da "formação de exemplos", que ensinam a olhar com os sentidos e contemplar com a inteligência os objetos imediatamente dados, para intuir suas propriedades sensíveis e inteligíveis.

Evidentemente, isso não supõe que a educação deva se concentrar totalmente do lado contrário; que a educação intelectual tenha que ser intuitiva não implica, para X. Zubiri, que seja estritamente empírica: "Ao dualismo clássico entre o entendimento que julga e os sentidos que percebem é preciso opor energicamente a unidade de ambas as funções" (ZUBIRI, 1999, p. 366),[18] de modo que, chamando a atenção sobre a importância pedagógica do "ideiar", afirma para arrematar:

> O verdadeiro educador da inteligência é o que ensina seus discípulos a ver o 'sentido' dos fatos, a 'essência' de todo acontecimento. Tem-se a intuição – ou não se tem –, não cabe refutá-la, nem a reforçar. Nessas condições, a missão do mestre é colocar o discípulo no 'ponto de vista' adequado para que 'veja' o objeto (*ibidem*, p. 367-368).

Mas isso ainda não é tudo...

Corolário

Lembrar-se-á do que foi indicado no segundo item que, tratando de conseguir uma visão integral e não meramente intelectualista do ser humano, queria X. Zubiri abarcar em sua análise, além da inteligência senciente, o sentimento afetante e a vontade tendente do ser humano.

---

18 É bem conhecido de todos os que se dedicam à educação, a enorme repercussão pedagógica da proposta das "inteligências múltiplas" de H. Gardner. De acordo com a análise zubiriana da inteligência senciente, cabe pontuar, contudo, que a inteligência humana não é múltipla, mas "uma" com vários modos ulteriores de se desdobrar a partir da apreensão primordial da realidade. Concretamente dois: "logos" e "razão".

Do estudo da primeira, o autor se encarregará em várias de suas obras e, com especial detalhe, na trilogia sobre a inteligência publicada nos anos 80.[19] Evidentemente, ele gostaria de ter redondeado, com um exame tão pormenorizado, as outras duas dimensões do psiquismo humano, mas lhe faltou tempo para realizá--lo. Isso não significa que sua reflexão não tenha tocado esses temas. Prova disso são os textos de distintos cursos e comunicações dos anos 60 e 70, reunidos no volume póstumo *Sobre el sentimiento y la volición,* de 1999,[20] que constituem um complemento que não pode ser deixado de lado no estudo zubiriano da intelecção.

Presumidamente, as três dimensões têm um diverso mas igualmente importante alcance educativo, com relação ao qual a pedagogia não pode passar desapercebida. Valha, portanto, como corolário do capítulo extrair de ditos textos duas observações:

A primeira afirma sobre a imperiosa necessidade de "ensinar a vontade a se esforçar e a ser dona de si mesma", mas não sem lhe oferecer "canais" e "convicções, com as quais, efetivamente, a realidade tenha sentido para ela". Sem isso, está o risco de persistir, caso contrário, na triste situação em que nos encontramos, onde mesmo sendo a volição "a dimensão mais preciosa do ser humano", "sem grave exagero pode se dizer que [...], no sentido do esforço, é a mais modesta do educador" (*idem*, 1992, p. 80).

A segunda tem a ver com o valor inopinável que reveste uma "educação sentimental" para a "regulação higiênica" da vida pessoal do ser humano contemporâneo, até o ponto enlouquecido que se converteu em um fugitivo de si mesmo.

> O ser humano atual foge de si mesmo e para conseguir isso, querendo ou não, ou mesmo querendo exatamente o contrário, cultivou o regime do atordoamento. O ser humano de hoje precisa, entre outras coisas, da higiene da tranquilidade. Precisa também da higiene da fruição. Parece que ele se encontra de tal modo lançado rumo ao futuro que carece de tempo e de folga para saber onde tem apoiados seus pés; não tem funções, mas projetos perpétuos nos quais se devora a si mesmo (*idem*, 1992, p. 403-404).

---

19 O primeiro volume da trilogia Inteligência senciente – *Inteligência e realidade* foi publicado, na Espanha, em 1981, seguido por *Inteligência e logos*, em 1982, e *Inteligência e razão*, em 1983, data em que X. Zubiri veio a falecer enquanto trabalhava em *El hombre y Dios*, o primeiro do elenco de títulos póstumos que, hoje, já se aproxima de trinta.

20 Concretamente, os títulos e as datas de tais cursos e comunicações são: *Acerca de la voluntad* (abril--maio de 1961), *Las fuentes espirituales de la angustia y de la esperanza* (maio de 1961), *El problema del mal* (fevereiro-março de 1964) e *Reflexiones filosóficas sobre lo estético* (abril de 1975).

Mesmo que dilatada no tempo e trabalhosa para todos os implicados em seu processo, a educação pode ser orientada pela promoção do que "é" o ser humano rumo ao que valem suas possibilidades ocultas. Qual dúvida pode caber a isso?

REFERÊNCIAS

BARRIO MAESTRE, J. M. *El balcón de Sócrates: Una propuesta frente al nihilismo.* Madri: RIALP, 2009.

COROMINAS, J., VICENS, J. A. *Xavier Zubiri: La soledad sonora.* Madri: Taurus, 2006.

GRACIA, D. "Pedagogía deliberativa". *XI Congreso de Bioética de la ABFyC.* Madri: out. 2013, p. 165-185.

GONZALO MARTÍN, A. L. "Xavier Zubiri: La emoción del puro problematismo". *En La Albolafia: Revista de Humanidades y Cultura*, 18: 164-186, out. 2019 (Madri).

HEIDEGGER, M. *El ser y el tiempo.* Trad. José Gaos. Madri: Fondo de Cultura Económica, 2000.

LÓPEZ ARANGUREN, J. L. "La muerte del maestro y el futuro de la metafísica". *El País*, 23 set. 1983.

MARÍAS, J. *La Filosofía española actual.* 2. ed. Buenos Aires: Espasa-Calpe, 1948.

MARTÍNEZ, J. A. "Pedagogía en Xavier Zubiri". *Análisis. Revista Colombiana de Humanidades*, 64: 25-52, jan.-dez. 1999 (Bogotá).

MARQUÍNEZ ARGOTE, G. "La educación como proceso de posibilitación y de capacitación en Xavier Zubiri". *Análisis. Revista Colombiana de Humanidades*, 64: 449-456, jan.-dez. 1999 (Bogotá).

NIÑO MESA, F. "Influjo de Zubiri en la pedagogía latinoamericana: Su aporte a un nuevo proyecto público de educación". *Cuadernos de filosofía latinoamericana*, 25 (91): 114-135, jun.-dez. 2004 (Bogotá).

SPAEMANN, R. *Ética, política y cristianismo.* Madri: Palabra, 2007.

ZUBIRI, Xavier. "El hombre, realidad personal". *Revista de Occidente*, 1: 5-29, abr. 1963.

ZUBIRI, Xavier. *Inteligencia sentiente*. I: *Inteligencia y realidade*. Madri: Alianza Editorial/Sociedad de Estudios y Publicaciones, 1980.

_____. *Sobre el hombre*. Madri: Alianza Editorial/Fundación Xavier Zubiri, 1986.

_____. *Estructura dinámica de la realidad*. Madri: Alianza Editorial/Fundación Xavier Zubiri, 1989.

_____. *Sobre el sentimiento y la volición*. Madri: Alianza Editorial/Fundación Xavier Zubiri, 1992.

_____. *Primeros escritos* (1921-1926). Madri: Alianza Editorial/Fundación Xavier Zubiri, 1999.

_____. *Tres dimensiones del ser humano: Individual, social, histórica*. Madri: Alianza Editorial/Fundación Xavier Zubiri, 2006.

_____. *Naturaleza, Historia, Dios*. 13. ed. Madri: Alianza Editorial/Fundación Xavier Zubiri, 2007.

_____. *El hombre y Dios*. Madri: Alianza Editorial/Fundación Xavier Zubiri, 2012.

Esta obra foi composta em CTcP
Capa: Supremo 250g – Miolo: Pólen Soft 80g
Impressão e acabamento
Gráfica e Editora Santuário